東亞民俗學稀見文獻彙編
第一輯

三國史記 上

三國史記 卷一～卷廿八 金富軾撰

韓國漢籍民俗叢書

第五冊

三國史記

卷一～卷廿八

三國史記目錄

輸忠定難靖國贊化同德功臣開府儀同三司檢校太師守太保門下侍中判尚書吏禮部事集賢殿太學士監修國史上柱國致仕臣金富軾奉
宣撰

三國史記卷第一

新羅本紀第一

三國史記卷第二

新羅本紀第二

三國史記卷第十二

三國史記卷第十三

三國史記卷第二十五

百濟本紀第三

三國史記卷第四十八

列傳第八

三國史記目錄

三國史記卷第一

輸忠定難靖國贊化同德功臣開府儀同三司檢校太師守太保門下侍中判尚書吏禮部事集賢殿太學士監修國史上柱國致仕臣金富軾奉宣撰

新羅本紀第一

始祖赫居世居西干　南解次次雄　儒理尼師今　脫解尼師今
婆娑尼師今　祇摩尼師今　逸聖尼師今

始祖姓朴氏。諱赫居世。前漢孝宣帝五鳳元年甲子。四月丙辰。（一曰正月十五日）即位。號居西干。時年十三。國號徐那伐。先是。朝鮮遺民。分居山谷之間。爲六村。一曰閼川楊山村。二曰突山高墟村。三曰觜山珍支村。（或云干珍村）四曰茂山大樹村。五曰金山加利村。六曰明活山高耶村。是爲辰韓六部。高墟村長蘇伐公。望楊山麓。蘿井傍林間。有馬跪而嘶。則往觀之。忽不見馬。只有大卵。剖之。有嬰兒出焉。則收而養之。及年十餘歲。岐嶷然夙成。六部人以其生神異。推尊之。至是立爲君焉。辰人謂瓠爲朴。以初大卵如瓠。故以朴爲姓。居西干。辰言王。（或云呼貴人之稱）

四年夏四月辛丑朔。日有食之。

五年春正月。龍見於閼英井。右脇誕生女兒。老嫗見而異之。收養之。以井名名之。及長有德容。始祖聞之，納以爲妃。有賢行，能內輔。時人謂之二聖。
八年。倭人行兵，欲犯邊。聞始祖有神德，乃還。
九年春三月。有星孛于王良。
十四年夏四月。有星孛于參。
十七年。王巡撫六部。妃閼英從焉。勸督農桑，以盡地利。
十九年春正月。卞韓以國來降。
二十一年。築京城。號曰金城。是歲。高句麗始祖東明立。
二十四年夏六月壬申晦。日有食之。
二十六年春正月。營宮室於金城。
三十年夏四月己亥晦。日有食之。樂浪人將兵來侵。見邊人夜戶不扃。露積被野。相謂曰。此方民不相盜。可謂有道之國。吾儕潛師而襲之。無異於盜。得不愧乎。乃引還。
三十二年秋八月乙卯晦。日有食之。
三十八年春二月。遣瓠公聘於馬韓。馬韓王讓瓠公曰。辰卞二韓。爲我屬國。比年不輸職貢。事大之禮。其若是乎。對曰。我國自二聖肇興。人事修。天時和。倉庾充實。人民敬讓。自辰韓遺民。以至卞韓樂浪倭人。無不畏懷。而吾王謙虛。遣下臣修聘。可謂過於禮矣。而大王赫怒。劫之以兵。是何意耶。王憤欲殺之。左右諫止。乃許歸。前此中國之人。苦秦亂。東來者衆。多處馬韓東。與辰韓雜居。至是寖盛。故馬韓忌之有責焉。瓠公者未詳其族姓。本倭人。初以瓠繫腰。度海而來。故稱瓠公。
三十九年。馬韓王薨。或說上曰。西韓王前辱我使。今當其喪征之。其國不足平也。上曰。幸人之災。不仁也。不從。乃遣使弔慰。
四十年。百濟始祖溫祚立。
四十三年春二月乙酉晦。日有食之。
五十三年。東沃沮使者來。獻良馬二十匹。曰。寡君聞南韓有聖人出。故遣臣來享。
五十四年春二月己酉。星孛于河鼓。
五十六年春正月辛丑朔。日有食之。
五十九年秋九月戊申晦。日有食之。
六十年秋九月。二龍見於金城井中。暴雷雨。震城南門。
六十一年春三月。居西干升遐。葬蛇陵。在曇巖寺北。

南解次次雄。（次次雄。或云慈充。金大問云。方言謂巫也。世人以巫事鬼神。尙祭祀。故畏敬之。遂稱尊長者。爲慈充。）赫居世嫡子也。身長大。性沉厚。多智略。母閼英夫人。妃雲帝夫人。（一云阿婁夫人。）繼父卽位稱元。

論曰。人君卽位。踰年稱元。其法詳於春秋。此先王不刊之典也。伊訓曰。成湯旣沒、太甲元年。正義曰。成湯旣沒、其歲卽太甲元年。然孟子曰。湯崩、太丁未立、外丙二年、仲壬四年。則疑若尙書之脫簡、而正義之誤說也。或曰。古者人君卽位。或踰月稱元年。或踰年而稱元年。踰月而稱元年者。成湯旣沒、太甲元年是也。孟子云太丁未立者。謂太丁未立而死也。外丙二年、仲壬四年者。皆謂、太丁之子、太甲二兄、或生二年、或生四年而死、太甲所以得繼湯耳。史記便謂此仲壬外丙、爲二君。誤也。由前、則以先君終年卽位稱元、非是。由後、則可謂得商人之禮者矣。

元年秋七月。樂浪兵至。圍金城數重。王謂左右曰。二聖棄國。孤以國人推戴。謬居於位。危懼若涉川水。今隣國來侵。是孤之不德也。爲之若何。左右對曰。賊幸我有喪。妄以兵來。天必不祐。不足畏也。賊俄而退歸。

三年春正月。立始祖廟。冬十月丙辰朔。日有食之。

五年春正月。王聞脫解之賢。以長女妻之。

七年秋七月。以脫解爲大輔。委以軍國政事。

八年。春夏旱。

十一年。倭人遣兵船百餘艘。掠海邊民戶。發六部勁兵以禦之。樂浪謂內虛。來攻金城甚急。夜有流星。墜於賊營。衆懼而退。屯於閼川之上。造石堆二十而去。六部兵一千人追之。自吐含山東。至閼川。見石堆。知賊衆乃止。

十三年秋七月戊子晦。日有食之。

十五年。京城旱。秋七月。蝗。民饑。發倉廩救之。

十六年春二月。北溟人耕田。得濊王印。獻之。

十九年。大疫。人多死。冬十一月。無氷。

二十年秋。太白入太微。

二十一年秋九月。蝗。王薨。葬虵陵園內。

儒理尼師今立。南解太子也。母雲帝夫人。妃日知葛文王之女也。(或云妃姓朴。許婁王之女。)初南解薨。儒理當立。以大輔脫解素有德望。推讓其位。脫解曰。神器大寶。非庸人所堪。吾聞聖智人多齒。試以餅噬之。儒理齒理多。乃與左右奉立之。號尼師今。古傳如此。金大問則云。尼師今。方言也。謂齒理。昔南解將死。謂男儒理壻脫解曰。吾死後。汝朴昔二姓。以年長而嗣位焉。其後金姓亦興。三姓以齒長相嗣。故稱尼師今。

二年春二月。親祀始祖廟。大赦。

五年冬十一月。王巡行國內。見一老嫗飢凍將死。曰。予以眇身居上。不能養民。使老幼至於此極。是予之罪也。解衣以覆之。推食以食之。仍命有司。在處存問。鰥寡孤獨老病、不能自活者。給養之。於是。鄰國百姓聞而來者衆矣。是年。民俗歡康。始製兜率歌。此歌樂之始也。

九年春。改六部之名。仍賜姓。楊山部爲梁部、姓李。高墟部爲沙梁部、姓崔。大樹部爲漸梁部(一云牟梁)姓孫。干珍部爲本彼部、姓鄭。加利部爲漢祇部、姓裴。明活部爲習比部、姓薛。又設官有十七等。一伊伐飡。二伊尺飡。三迊飡。四波珍飡。五大阿飡。六阿飡。七一吉飡。八沙飡。九級伐飡。十大奈麻。十一奈麻。十二大舍。十三小舍。十四吉士。十五大烏。十六小烏。十七造位。王既定六部。中分爲二。使王女二人。各率部內女子。分朋造黨。自秋七月既望。每日早集大部之庭績麻。乙夜而罷。至八月十五日。考其功之多少。負者置酒食。以謝勝者。於是歌舞百戲皆作。謂之嘉俳。是時負家一女子、起舞歎曰。會蘇會蘇。其音哀雅。後人因其聲而作歌。名會蘇曲。

十一年。京都地裂泉湧。夏六月。大水。

十三年秋八月。樂浪犯北邊。攻陷朶山城。

十四年。高句麗王無恤襲樂浪滅之。其國人五千來投。分居六部。

十七年秋九月。華麗不耐二縣人連謀。率騎兵犯北境。貊國渠帥以兵要曲河西敗之。王喜與貊國結好。

十九年秋八月。貊帥獵得禽獸。獻之。

三十一年春二月。星孛于紫宮。

三十三年夏四月。龍見金城井。有頃暴雨自西北來。五月。大風拔木。

三十四年秋九月。王不豫。謂臣寮曰。脫解身聯國戚。位處輔臣。屢著功名。朕之二子、其才不及遠矣。吾死之後。俾即大位。以無忘我遺訓。冬十月。王薨。葬蛇陵園內。

脫解尼師今立。一云吐解。時年六十二。姓昔。妃阿孝夫人。脫解本多婆那國所生也。其國在倭國東北一千里。初其國王娶女國王女爲妻。有娠七年。乃生大卵。王曰。人而生卵。不祥也。宜棄之。其女不忍。以帛裹卵幷寶物。置於櫝中。浮於海。任其所往。初至金官國海邊。金官人怪之不取。又至辰韓阿珍浦口。是始祖赫居世在位三十九年也。時海邊老母。以纜引繫海岸。開櫝見之。有一小兒在焉。其母取養之。及壯身長九尺。風神秀朗。智識過人。或曰。此兒不知姓氏。初櫝來時。有一鵲飛鳴而隨之。宜省鵲字、以昔爲氏。又解韞櫝而出。宜名脫解。脫解始以漁釣爲業。供養其母。未嘗有懈色。母謂曰。汝非常人。骨相殊異。宜從學以立功名。於是專精學問。兼知地理。望楊山下瓠公宅。以爲吉地。設詭計、以取而居之。其地後爲月城。至南解王五年。聞其賢。以其女妻之。至七年。登庸爲大輔。委以政事。儒理將死曰。先王顧命曰。吾死後無論子壻。以年長且賢者繼位。是以寡人先立。今也宜傳其位焉。

二年春正月。拜瓠公爲大輔。二月親祀始祖廟。

三年春三月。王登吐含山。有玄雲如蓋。浮王頭上。良久而散。夏五月。與倭國結好交聘。六月。有星孛于天船。

五年秋八月。馬韓將孟召以覆巖城降。

七年冬十月。百濟王拓地至娘子谷城。遣使請會。王不行。

八年秋八月。百濟遣兵攻蛙山城。冬十月。又攻狗壤城。王遣騎二千擊走之。十二月。地震。無雪。

九年春三月。王夜聞金城西、始林樹間、有鷄鳴聲。遲明遣瓠公視之。有金色小櫝掛樹枝。白鷄鳴於其下。瓠公還告。王使人取櫝開之。有小男兒在其中。姿容奇偉。上喜謂左右曰。此豈非天遺我以令胤乎。乃收養之。及長聰明多智略。乃名閼智。以其出於金櫝。

姓金氏。改始林名雞林。因以爲國號。
十年。百濟攻取蛙山城。留二百人居守。尋取之。
十一年春正月。以朴氏貴戚。分理國內州郡。號爲州主郡主。二月。以順貞爲伊伐飡。委以政事。
十四年。百濟來侵。
十七年。倭人侵木出島。王遣角干羽烏禦之。不克。羽烏死之。
十八年秋八月。百濟寇邊。遣兵拒之。
十九年。大旱。民饑。發倉賑給。冬十月。百濟攻西鄙蛙山城。拔之。
二十年秋九月。遣兵伐百濟。復取蛙山城。自百濟來居者二百餘人。盡殺之。
二十一年秋八月。阿飡吉門與加耶兵戰於黃山津口。獲一千餘級。以吉門爲波珍飡。賞功也。
二十三年春二月。彗星見東方。又見北方。二十日乃滅。
二十四年夏四月。京都大風。金城東門自壞。秋八月。王薨。葬城北壤井丘。
婆娑尼師今立。儒理王第二子也。或云儒理弟奈老之子也。妃金氏史省夫人。許婁葛文王之女也。初脫解薨。臣僚欲立儒理太子逸聖。或謂逸聖雖嫡嗣。而威明不及婆娑。遂立之。婆娑節儉省用而愛民。國人嘉之。
二年春二月。親祀始祖廟。三月。巡撫州郡。發倉賑給。慮獄囚。非二罪悉原之。

三年春正月。下令曰。今倉廩空匱。戎器頑鈍。儻有水旱之災。邊鄙之警。其何以禦之。宜令有司。勸農桑。練兵革。以備不虞。
五年春二月。以明宣爲伊飡。允良爲波珍飡。夏五月。古陁郡主獻青牛。南新縣麥連歧。大有年。行者不齎糧。
六年春正月。百濟犯邊。二月。以吉元爲阿飡。夏四月。客星入紫微。
八年秋七月。下令曰。朕以不德有此國家。西鄰百濟。南接加耶。德不能綏。威不足畏。宜繕葺城壘。以待侵軼。是月。築加召馬頭二城。
十一年秋七月。分遣使十人。廉察州郡主不勤公事。致田野多荒者。貶黜之。
十四年春正月。拜允良爲伊飡。啓其爲波珍飡。二月。巡幸古所夫里郡。親問高年。賜穀。冬十月。京都地震。
十五年春二月。加耶賊圍馬頭城。遣阿飡吉元。將騎一千。擊走之。秋八月。閱兵於閼川。
十七年秋七月。暴風自南。拔金城南大樹。九月。加耶人襲南鄙。遣加城主長世拒之。爲賊所殺。王怒。率勇士五千。出戰敗之。虜獲甚多。
十八年春正月。擧兵欲伐加耶。其國主遣使請罪。乃止。
十九年夏四月。京都旱。
二十一年秋七月。雨雹。飛鳥死。冬十月。京都地震。倒民屋。有死者。
二十二年春二月。築城名月城。秋七月。王移居月城。

二十三年秋八月。音汁伐國與悉直谷國爭疆。詣王請決。王難之。謂金官國首露王年老多智識。召問之。首露立議。以所爭之地、屬音汁伐國。於是王命六部。會饗首露王。五部皆以伊湌爲主。唯漢祇部以位卑者主之。首露怒。命奴耽下里。殺漢祇部主保齊而歸。奴逃依音汁伐主陁鄒干家。王使人索其奴。陁鄒不送。王怒。以兵伐音汁伐國。其主與衆自降。悉直押督二國王來降。冬十月。桃李華。

二十五年春正月。衆星隕如雨。不至地。秋七月。悉直叛。發兵討平之。徙其餘衆於南鄙。

二十六年春正月。百濟遣使請和。二月。京都雪三尺。

二十七年春正月。幸押督。賑貧窮。三月。至自押督。秋八月。命馬頭城主伐加耶。

二十九年夏五月。大水。民飢。發使十道。開倉賑給。遣兵伐比只國多伐國草八國幷之。

三十年秋七月。蝗害穀。王遍祭山川。以祈禳之。蝗滅。有年。

三十二年夏四月。城門自毁。自五月至秋七月。不雨。

三十三年冬十月。王薨。葬蛇陵園內。

祇摩尼師今、立。或云祇味婆娑王嫡子。母史省夫人。妃金氏愛禮夫人。葛文王摩帝之女也。初婆娑王獵於楡湌之澤。太子從焉。獵後過韓歧部。伊湌許婁饗之。酒酣。許婁之妻攜少女子出舞。摩帝伊湌之妻亦引出其女。太子見而悅之。許婁不悅。王謂許婁曰。此地名大庖。公於此置盛饌美醞。以宴衎之。宜位酒多、在伊湌之上。以摩帝之女配太子焉。酒多後云角干。

二年春二月。親祀始祖廟。拜昌永爲伊飡、以叅政事。玉權爲波珍飡。申權爲一吉飡。順宣爲級飡。三月。百濟遣使來聘。

三年春三月。雨雹。麥苗傷。夏四月。大水。慮囚。除死罪餘悉原之。

四年春二月。加耶寇南邊。秋七月。親征加耶。帥步騎、度黃山河。加耶人伏兵林薄、以待之。王不覺直前。伏發圍數重。王揮軍奮擊。決圍而退。

五年秋八月。遣將侵加耶。王帥精兵一萬以繼之。加耶嬰城固守。會久雨乃還。

九年春二月。大星墜月城西。聲如雷。三月。京都大疫。

十年春正月。以翌宗爲伊飡。昕連爲波珍飡。林權爲阿飡。二月。築大甑山城。夏四月。倭人侵東邊。

十一年夏四月。大風東來。折木飛瓦。至夕而止。都人訛言。倭兵大來。爭遁山谷。王命伊飡翌宗等諭止之。秋七月。飛蝗害穀。年饑多盜。

十二年春三月。與倭國講和。夏四月。隕霜。五月。金城東民屋陷爲池。芙蕖生。

十三年秋九月庚申晦。日有食之。

十四年春正月。靺鞨大入北境。殺掠吏民。秋七月。又襲大嶺柵。過於泥河。王移書百濟請救。百濟遣五將軍助之。賊聞而退。

十六年秋七月甲戌朔。日有食之。

十七年秋八月。長星竟天。冬十月。國東地震。十一月。雷。

十八年秋。伊飡昌永卒。以波珍飡玉權爲伊飡。以叅政事。

二十年夏五月。大雨。漂沒民戶。

二十一年春二月。宮南門災。

二十三年。春夏旱。秋八月。王薨。無子。

逸聖尼師今立。儒理王之長子。或云日知葛文王之子。妃朴氏。支所禮王之女。

元年九月。大赦。

二年春正月。親祀始祖廟。

三年春正月。拜雄宣爲伊飡。兼知內外兵馬事。近宗爲一吉飡。

四年春二月。靺鞨入塞。燒長嶺五柵。

五年春二月。置政事堂於金城。秋七月。大閱閼川西。冬十月。北巡。親祀太白山。

六年秋七月。隕霜殺菽。八月。靺鞨襲長嶺。虜掠民口。冬十月。又來。雪甚。乃退。

七年春二月。立柵長嶺。以防靺鞨。

八年秋九月辛亥晦。日有食之。

九年秋七月。召羣公議征靺鞨。伊飡雄宣上言不可。乃止。

十年春二月。修葺宮室。夏六月乙丑。熒惑犯鎭星。冬十一月。雷。

十一年春二月。下令。農者政本。食惟民天。諸州郡修完堤防。廣闢田野。又下令。禁民間用金銀珠玉。

十二年。春夏旱。南地最甚。民飢。移其粟賑給之。

十三年冬十月。押督叛。發兵討平之。徙其餘衆於南地。

十四年秋七月。命臣寮。各擧智勇堪爲將帥者。

十五年。封朴阿道爲葛文王。（新羅追封王。皆稱葛文王。其義未詳。）

十六年春正月。以得訓爲沙飡。宣忠爲奈麻。秋八月。有星孛于天市。冬十一月。雷。京都大疫。

十七年。自夏四月不雨。至秋七月。乃雨。

十八年春二月。伊飡雄宣卒。以大宣爲伊飡、兼知內外兵馬事。三月。雨雹。

二十年冬十月。宮門災。彗星見東方。又見東北方。

二十一年春二月。王薨。

三國史記卷第一

三國史記卷第二

輸忠定難靖國贊化同德功臣開府儀同三司檢校太師守太保門下侍中判尚書吏禮部事集賢殿太學士監修國史上柱國致仕臣金富軾奉

宣撰

新羅本紀第二

阿達羅尼師今　伐休尼師今　奈解尼師今　助賁尼師今
沾解尼師今　味鄒尼師今　儒禮尼師今　基臨尼師今
訖解尼師今

阿達羅尼師今、立。逸聖長子也。身長七尺。豐準有奇相。母朴氏。支所禮王之女。妃朴氏。內禮夫人。祇摩王之女也。

元年三月。以繼元爲伊飡。委軍國政事。

二年春正月。親祀始祖廟。大赦。以興宣爲一吉飡。

三年夏四月。隕霜。開雞立嶺路。

四年春二月。始置甘勿馬山二縣。三月巡幸長嶺鎭。勞戍卒。各賜征袍。

五年春三月。開竹嶺。倭人來聘。

七年夏四月。暴雨。閼川水溢。漂流人家。金城北門自毀。

八年秋七月。蝗害穀。海魚多出死。

九年。巡幸沙道城。勞戍卒。
十一年春二月。龍見京都。
十二年冬十月。阿飡吉宣謀叛、發覺。懼誅亡入百濟。王移書求之。百濟不許。王怒出師伐之。百濟嬰城、守不出。我軍糧盡乃歸。
十三年春正月辛亥朔。日有食之。
十四年秋七月。百濟襲破國西二城。虜獲民口一千而去。八月。命一吉飡興宣領兵二萬伐之。王又率騎八千。自漢水臨之。百濟大懼。還其所掠男女乞和。
十五年夏四月。伊飡繼元卒。以興宣爲伊飡。
十七年春二月。重修始祖廟。秋七月。京師地震。霜雹害穀。冬十月。百濟寇邊。
十八年。春。穀貴民飢。
十九年春正月。以仇道爲波珍飡。仇須兮爲一吉飡。二月。有事始祖廟。京都大疫。
二十年夏五月。倭女王卑彌乎遣使來聘。
二十一年春正月。雨土。二月。旱。井泉竭。
三十一年春三月。王薨。
伐休（一作發暉）尼師今立。姓昔。脫解王子仇鄒角干之子也。母姓金氏。只珍內禮夫人。阿達羅薨無子。國人立之。王占風雲。預知水旱及年之豊儉。又知人邪正。人謂之聖。
二年春正月。親祀始祖廟。大赦。二月。拜波珍飡仇道、一吉飡仇須兮爲左右軍主。伐召文國。軍主之名始於此。

三年春正月。巡幸州郡。觀察風俗。夏五月壬申晦。日有食之。秋七月。南新縣進嘉禾。

四年春三月。下令州郡。無作土木之事、以奪農時。冬十月。北地大雪。深一丈。

五年春二月。百濟來攻母山城。命波珍飡仇道。出兵拒之。

六年秋七月。仇道與百濟戰於狗壤。勝之。殺獲五百餘級。

七年秋八月。百濟襲西境圓山鄉。又進圍缶谷城。仇道率勁騎五百擊之。百濟兵佯走。仇道追及蛙山。爲百濟所敗。王以仇道失策。貶爲缶谷城主。以薛支爲左軍主。

八年秋九月。蚩尤旗見于角亢。

九年春正月。拜國良爲阿飡。述明爲一吉飡。四月。京都雪。深三尺。夏五月。大水。山崩十餘所。

十年春正月甲寅朔。日有食之。三月。漢祇部女一產四男一女。六月。倭人大饑。來求食者千餘人。

十一年夏六月乙巳晦。日有食之。

十三年春二月。重修宮室。三月。旱。夏四月。震宮南大樹。又震金城東門。王薨。

奈解尼師今。立。伐休王之孫也。母內禮夫人。妃昔氏。助賁王之妹。容儀雄偉。有俊才。前王太子骨正及第二子伊買先死。大孫尙幼少。乃立伊買之子。是爲奈解尼師今。是年自正月至四月不雨。及王卽位之日大雨。百姓歡慶。

二年春正月。謁始祖廟。

三年夏四月。始祖廟前臥柳自起。五月。國西大水。免遭水州縣一年租調。秋七月。遣使撫問。

四年秋七月。百濟侵境。

五年秋七月。太白晝見。隕霜殺草。九月庚午朔。日有食之。大閱於閼川。

六年春二月。加耶國請和。三月丁卯朔。日有食之。大旱。錄內外繫囚。原輕罪。

八年冬十月。靺鞨犯境。桃李華。人大疫。

十年春二月。拜眞忠爲一伐飡。以叅國政。秋七月。霜雹殺穀。太白犯月。八月。狐鳴金城及始祖廟庭。

十二年春正月。拜王子利音（或云奈音）爲伊伐飡、兼知內外兵馬事。

十三年春二月。西巡郡邑。浹旬而返。夏四月。倭人犯境。遣伊伐飡利音。將兵拒之。

十四年秋七月。浦上八國謀侵加羅。加羅王子來請救。王命太子于老與伊伐飡利音。將六部兵往救之。擊殺八國將軍。奪所虜六千人還之。

十五年。春夏旱。發使錄郡邑獄囚。除二死。餘悉原之。

十六年春正月。拜萱堅爲伊飡。允宗爲一吉飡。

十七年春三月。加耶送王子爲質。夏五月。大雨。漂毀民屋。

十九年春三月。大風折木。秋七月。百濟來攻國西腰車城。殺城主薛夫。王命伊伐飡利音。率精兵六千伐百濟。破沙峴城。冬十二月。雷。
二十三年秋七月。武庫兵物自出。百濟人來圍獐山城。王親率兵。出擊走之。
二十五年春三月。伊伐飡利音卒。以忠萱爲伊伐飡、兼知兵馬事。秋七月。大閱楊山西。
二十七年夏四月。雹傷菽麥。南新縣人死。歷月復活。冬十月。百濟兵入牛頭州。伊伐飡忠萱將兵拒之。至熊谷。爲賊所敗。單騎而返。貶爲鎭主。以連珍爲伊伐飡、兼知兵馬事。
二十九年秋七月。伊伐飡連珍與百濟戰烽山下破之。殺獲一千餘級。八月。築烽山城。
三十一年。春不雨。至秋七月乃雨。民飢。發倉廩賑給。冬十月。錄內外獄囚。原輕罪。
三十二年春二月。巡狩西南郡邑。三月還。拜波珍飡康萱爲伊飡。
三十四年夏四月。虵鳴南庫三日。秋九月。地震。冬十月。大雪深五尺。
三十五年春三月。王薨。
助賁尼師今立。（一云諸貴）姓昔氏。伐休尼師今之孫也。父骨正（一作忽爭）葛文王。母金氏。玉帽夫人。仇道葛文王之女。妃阿爾兮夫人。奈解王之女也。前王將死。遺言以壻助賁繼位。王身長美儀采。臨事明斷。國人畏敬之。
元年。拜連忠爲伊飡、委軍國事。秋七月。謁始祖廟。
二年秋七月。以伊飡于老爲大將軍。討破甘文國。以其地爲郡。
三年夏四月。倭人猝至圍金城。王親出戰。賊潰走。遣輕騎追擊之。殺獲一千餘級。
四年夏四月。大風飛屋瓦。五月。倭兵寇東邊。秋七月。伊飡于老與倭人戰沙道。乘風縱火焚舟。賊赴水死盡。
六年春正月。東巡撫恤。
七年春二月。骨伐國王阿音夫率衆來降。賜第宅田莊安之。以其地爲郡。
八年秋八月。蝗害穀。
十一年。百濟侵西邊。
十三年秋。大有年。古陁郡進嘉禾。
十五年春正月。拜伊飡于老爲舒弗邯、兼知兵馬事。
十六年冬十月。高句麗侵北邊。于老將兵出擊之。不克。退保馬頭柵。其夜苦寒。于老勞士卒。躬燒柴煖之。羣心感激。
十七年冬十月。東南有白氣如匹練。十一月。京都地震。
十八年夏五月。王薨。
沾解尼師今立。助賁王之同母弟也。
元年秋七月。謁始祖廟。封父骨正爲世神葛文王。
論曰。漢宣帝卽位。有司奏。爲人後者爲之子也。故降其父母不得祭。尊祖之義也。是以帝所生父稱親。謚曰悼。母曰悼后。比諸侯王。此合經義。爲萬世法。故後漢光武帝、宋英宗法而行之。新羅自王親入繼大統之君。無不封崇其父稱王。非特如此而已。封其外舅者亦有之。此非禮。固不可以爲法也。

二年春正月。以伊飡長萱爲舒弗邯。以叅國政。二月。遣使高句麗結和。
三年夏四月。倭人殺舒弗邯于老。秋七月。作南堂於宮南。（南堂或云都堂）以良夫爲伊飡。
五年春正月。始聽政於南堂。漢祇部人夫道者。家貧無諂。工書算。著名於時。王徵之爲阿飡。委以物藏庫事務。
七年夏四月。龍見宮東池。金城南臥柳自起。自五月至七月不雨。禱祀祖廟及名山。乃雨。年饑多盜賊。
九年秋九月。百濟來侵。一伐飡翊宗逆戰於槐谷西。爲賊所殺。冬十月。百濟攻烽山城。不下。
十年春三月。國東海出大魚三。長三丈。高丈有二尺。冬十月晦。日有食之。
十三年秋七月。旱、蝗。年荒多盜。
十四年夏。大雨。山崩四十餘所。秋七月。星孛于東方。二十五日而滅。
十五年春二月。築達伐城。以奈麻克宗爲城主。三月。百濟遣使請和。不許。冬十二月二十八日。王暴疾薨。
味鄒尼師今立。（一云味照）姓金。母朴氏。葛文王伊柒之女。妃昔氏。光明夫人。助賁王之女。其先閼智出於雞林。脫解王得之。養於宮中。後拜爲大輔。閼智生勢漢。勢漢生阿道。阿道生首留。首留生郁甫。郁甫生仇道。仇道則味鄒之考也。沾解無子。國人立味鄒。此金氏有國之始也。

元年春三月。龍見宮東池。秋七月。金城西門災。延燒人家百餘區。

二年春正月。拜伊飡良夫爲舒弗邯、兼知內外兵馬事。二月。親祀國祖廟。大赦。封考仇道爲葛文王。

三年春二月。東巡幸望海。三月。幸黃山。問高年及貧不能自存者。賑恤之。

五年秋八月。百濟來攻烽山城。城主直宣率壯士二百人出擊之。賊敗走。王聞之。拜直宣爲一吉飡。厚賞士卒。

七年。春夏不雨。會羣臣於南堂。親問政刑得失。又遣使五人。巡問百姓苦患。

十一年春二月。下令。凡有害農事者。一切除之。秋七月。霜雹害穀。冬十一月。百濟侵邊。

十五年春二月。臣寮請改作宮室。上重勞人不從。

十七年夏四月。暴風拔木。冬十月。百濟兵來圍槐谷城。命波珍飡正源。領兵拒之。

十九年夏四月。旱。錄囚。

二十年春正月。拜弘權爲伊飡。良質爲一吉飡。光謙爲沙飡。二月。謁廟。秋九月。大閱楊山西。

二十二年秋九月。百濟侵邊。冬十月。圍槐谷城。命一吉飡良質。領兵禦之

二十三年春二月。巡撫國西諸城。冬十月。王薨。葬大陵。一云竹長陵。

儒禮尼師今立。古記第三第十四二王同諱。儒理或云儒禮。未知孰是。助賁王長子。母朴氏。葛文王奈音之女。嘗夜行。星光入口。因有娠。載誕之夕。異香滿室。

二年春正月。謁始祖廟。二月。拜伊飡弘權爲舒弗邯。委以機務。
三年春正月。百濟遣使請和。三月。旱。
四年夏四月。倭人襲一禮部。縱火燒之。虜人一千而去。
六年夏五月。聞倭兵至。理舟楫、繕甲兵。
七年夏五月。大水。月城頹毀。
八年春正月。拜末仇爲伊伐飡。末仇忠貞有智略。王常訪問政要。
九年夏六月。倭兵攻陷沙道城。命一吉飡大谷領兵救、完之。秋七月。旱蝗。
十年春二月。改築沙道城。移沙伐州豪民八十餘家。
十一年。夏。倭兵來攻長峯城。不克。秋七月。多沙郡進嘉禾。
十二年。春。王謂臣下曰。倭人屢犯我城邑。百姓不得安居。吾欲與百濟謀、一時浮海、入擊其國。如何。舒弗邯弘權對曰。吾人不習水戰。冒險遠征。恐有不測之危。況百濟多詐。常有呑噬我國之心。亦恐難與同謀。王曰。善。
十四年春正月。以智良爲伊飡。長昕爲一吉飡。順宣爲沙飡。伊西古國來攻金城。我大擧兵防禦。不能攘。忽有異兵來。其數不可勝紀。人皆珥竹葉。與我軍同擊賊破之。後不知其所歸。人或見竹葉數萬、積於竹長陵。由是國人謂、先王以陰兵助戰也。
十五年春二月。京都大霧不辨人。五日而霽。冬十二月。王薨。
基臨（一云基立）尼師今立。助賁尼師今之孫也。父乞淑用飡。（一云乞淑助賁之孫也。）性寬厚。人皆稱之。

二年春正月。拜長昕爲伊飡。兼知內外兵馬事。二月。祀始祖廟。

三年春正月。與倭國交聘。二月。巡幸比列忽。親問高年及貧窮者。賜穀有差。三月。至牛頭州。望祭太白山。樂浪帶方兩國歸服。

五年。春夏旱。

七年秋八月。地震。泉湧。九月。京都地震。壞民屋。有死者。

十年。復國號新羅。

十三年夏五月。王寢疾彌留。赦內外獄囚。六月。王薨。

訖解尼師今立。奈解王孫也。父于老角干。母命元夫人。助賁王女也。于老事君有功。累爲舒弗邯。見訖解狀貌俊異。心膽明敏。爲事異於常流。乃謂諸侯曰。興吾家者必此兒也。至是基臨薨。無子。羣臣議曰。訖解幼有老成之德。乃奉立之。

二年春正月。以急利爲阿飡。委以政要。兼知內外兵馬事。二月。親祀始祖廟。

三年春三月。倭國王遣使爲子求婚。以阿飡急利女送之。

四年秋七月。旱蝗。民飢。發使救恤之。

五年春正月。拜阿飡急利爲伊飡。二月。重修宮闕。不雨乃止。

八年。春夏旱。王親錄囚。多原之。

九年春二月。下令。向以旱災。年不順成。今則土膏脉起。農事方始。凡所勞民之事皆停之。

二十一年。始開碧骨池。岸長一千八百步。

二十八年二月。遣使聘百濟。三月。雨雹。夏四月。隕霜。

三十五年春二月。倭國遣使請婚。辭以女旣出嫁。夏四月。暴風拔宮南大樹。

三十六年春正月。拜康世爲伊伐飡。二月。倭王移書絶交。

三十七年。倭兵猝至風島。抄掠邊戶。又進圍金城急攻。王欲出兵相戰。伊伐飡康世曰。賊遠至。其鋒不可當。不若緩之。待其師老。王然之。閉門不出。賊食盡將退。命康世率勁騎追擊。走之。

三十九年。宮井水暴溢。

四十一年春三月。鸛巢月城隅。夏四月。大雨浹旬。平地水三四尺。漂沒官私屋舍。山崩十三所。

四十七年夏四月。王薨。

三國史記卷第二

三國史記卷第三

輸忠定難靖國贊化同德功臣開府儀同三司檢校太師守太保門下侍中判尚書吏禮部事集賢殿大學士監修國史上柱國致仕臣金富軾奉宣撰

新羅本紀第三

奈勿尼師今　實聖尼師今　訥祇麻立干　慈悲麻立干　照知麻立干

奈勿（一云那密）尼師今立。姓金。仇道葛文王之孫也。父末仇角干。母金氏休禮夫人。妃金氏。味鄒王女。訖解薨無子。奈勿繼之。（末仇味鄒尼師今兄弟也）

論曰。取妻不取同姓。以厚別也。是故魯公之取於吳。晉侯之有四姬。陳司敗鄭子產深譏之。若新羅則不止取同姓而已。兄弟子姑姨從姊妹。皆聘爲妻。雖外國各異俗。責之以中國之禮。則大悖矣。若匈奴之烝母報子。則又甚於此矣。

二年春。發使撫問鰥寡孤獨。各賜穀三斛。孝悌有異行者。賜職一級。

三年春二月。親祀始祖廟。紫雲盤旋廟上。神雀集於廟庭。

七年夏四月。始祖廟庭樹連理。

九年夏四月。倭兵大至。王聞之。恐不可敵。造草偶人數千。衣衣持兵。列立吐含山下。伏勇士一千於斧峴東原。倭人恃衆直進。伏發擊其不意。倭人大敗走。追擊殺之幾盡。

十一年春三月。百濟人來聘。夏四月。大水。山崩十三所。

十三年。春。百濟遣使。進良馬二匹。

十七年。春夏大旱。年荒。民飢多流亡。發使開倉廩賑之。

十八年。百濟禿山城主率人三百來投。王納之。分居六部。百濟王移書曰。兩國和好。約爲兄弟。今大王納我逃民。甚乖和親之意。非所望於大王也。請還之。答曰。民者無常心。故思則來。斁則去。固其所也。大王不患民之不安。而責寡人。何其甚乎。百濟聞之。不復言。夏五月。京都雨魚。

二十一年秋七月。夫沙郡進一角鹿。大有年。

二十四年夏四月。楊山有小雀。生大鳥。

二十六年。春夏旱。年荒民飢。遣衛頭入符秦、貢方物。符堅問衛頭曰。卿言海東之事。與古不同何耶。答曰。亦猶中國時代變革、名號改易。今焉得同。

三十三年夏四月。京都地震。六月。又震。冬。無冰。

三十四年春正月。京都大疫。二月。雨土。秋七月。蝗。穀不登。

三十七年春正月。高句麗遣使。王以高句麗强盛。送伊飡大西知子實聖爲質。

三十八年夏五月。倭人來圍金城。五日不解。將士皆請出戰。王曰。今賊棄舟深入、在於死地。鋒不可當。乃閉城門。賊無功而退。王先遣勇騎二百。遮其歸路。又遣步卒一千。追於獨山。夾擊大敗之。殺獲甚衆。

四十年秋八月。靺鞨侵北邊。出師大敗之於悉直之原。

四十二年秋七月。北邊何瑟羅旱蝗。年荒民飢。曲赦囚徒。復一年租調。

四十四年秋七月。飛蝗蔽野。

四十五年秋八月。星孛于東方。冬十月。王所嘗御內廐馬。跪膝流淚哀鳴。

四十六年。春夏旱。秋七月。高句麗質子實聖還。

四十七年春二月。王薨。

實聖尼師今立。閼智裔孫。大西知伊飡之子。母伊利夫人。(伊一作企)昔登保阿干之女。妃味鄒王女也。實聖身長七尺五寸。明達有遠識。奈勿薨。其子幼少。國人立實聖繼位。

元年三月。與倭國通好。以奈勿王子未斯欣爲質。

二年春正月。以未斯品爲舒弗邯。委以軍國之事。秋七月。百濟侵邊。

三年春二月。親謁始祖廟。

四年夏四月。倭兵來攻明活城。不克而歸。王率騎兵。要之獨山之南。再戰破之。殺獲三百餘級。

五年秋七月。國西蝗害穀。冬十月。京都地震。十一月。無氷。

六年春三月。倭人侵東邊。夏六月。又侵南邊。奪掠一百人。

七年春二月。王聞倭人於對馬島置營。貯以兵革資粮。以謀襲我。我欲先其未發。揀精兵擊破兵儲。舒弗邯未斯品曰。臣聞兵凶器、戰危事。況涉巨浸以伐人。萬一失利則悔不可追。不若依嶮設關。來則禦之。使不得侵猾。便則出而禽之。此所謂致人而不致於人。策之上也。王從之。

十一年。以奈勿王子卜好。質於高句麗。

十二年秋八月。雲起狼山。望之如樓閣。香氣郁然。久而不歇。王謂是必仙靈降遊。應是福地。從此後禁人斬伐樹木。新成平壤州大橋。

十四年秋七月。大閱於穴城原。又御金城南門觀射。八月。與倭人戰於風島克之。

十五年春三月。東海邊獲大魚。有角。其大盈車。夏五月。吐含山崩。泉水湧、高三丈。

十六年夏五月。王薨。

訥祇麻立干、立。（金大問云。麻立者。方言謂橛也。橛謂誠操。准位而置、則王橛爲主。臣橛列於下。因以名之。）奈勿王子也。母保反夫人。（一云內禮吉怖）味鄒王女也。妃實聖王之女。奈勿王三十七年。以實聖質於高句麗。及實聖還爲王。怨奈勿質己於外國。欲害其子以報怨。遣人招在高句麗時相知人。因密告、見訥祇則殺之。遂令訥祇往、逆於中路。麗人見訥祇形神爽雅、有君子之風。遂告曰。爾國王使我害君。今見君不忍賊害。乃歸。訥祇怨之。反弑王自立。

二年春正月。親謁始祖廟。王弟卜好自高句麗、與堤上奈麻還來。秋。王弟未斯欣自倭國逃還。

三年夏四月。牛谷水湧。

四年。春夏大旱。秋七月。隕霜殺穀。民飢有賣子孫者。慮囚原罪。
七年夏四月。養老於南堂。王親執食。賜穀帛有差。
八年春二月。遣使高句麗修聘。
十三年。新築矢堤。岸長二千一百七十步。
十五年夏四月。倭兵來侵東邊。圍明活城。無功而退。秋七月。霜雹殺穀。
十六年春。穀貴。人食松樹皮。
十七年夏五月。未斯欣卒。贈舒弗邯。秋七月。百濟遣使請和。從之。
十八年春二月。百濟王送良馬二匹。秋九月。又送白鷹。冬十月。王以黃金明珠。報聘百濟。
十九年春正月。大風拔木。二月。修葺歷代園陵。夏四月。祀始祖廟。
二十年夏四月。雨雹。慮囚。
二十二年夏四月。牛頭郡山水暴至。漂流五十餘家。京都大風雨雹。教民牛車之法。
二十四年。倭人侵南邊。掠取生口而去。夏六月。又侵東邊。
二十五年春二月。史勿縣進長尾白雉。王嘉之。賜縣吏穀。
二十八年夏四月。倭兵圍金城十日。糧盡乃歸。王欲出兵追之。左右曰。兵家之說曰。窮寇勿追。王其舍之。不聽。率數千餘騎。追及於獨山之東合戰。爲賊所敗。將士死者過半。王蒼黃棄馬上山。賊圍之數重。忽昏霧不辨咫尺。賊謂有陰助。收兵退歸。

三十四年秋七月。高句麗邊將獵於悉直之原。何瑟羅城主三直出兵掩殺之。麗王聞之怒。使來告曰。孤與大王。修好至歡也。今出兵殺我邊將。是何義耶。乃興師侵我西邊。王卑辭謝之。乃歸。

三十六年秋七月。大山郡進嘉禾。

三十七年。春夏旱。秋七月。羣狼入始林。

三十八年秋七月。霜雹害穀。八月。高句麗侵北邊。

三十九年冬十月。高句麗侵百濟。王遣兵救之。

四十一年春二月。大風拔木。夏四月。隕霜傷麥。

四十二年春二月。地震。金城南門自毁。秋八月。王薨。

慈悲麻立干立。訥祇王長子。母金氏。實聖之女也。

二年春二月。謁始祖廟。夏四月。倭人以兵船百餘艘襲東邊。進圍月城。四面矢石如雨。王城守。賊將退。出兵擊敗之。追北至海口。賊溺死者過半。

四年春二月。王納舒弗邯未斯欣女爲妃。夏四月。龍見金城井中。

五年夏五月。倭人襲破活開城。虜人一千而去。

六年春二月。倭人侵歃良城。不克而去。王命伐智、德智。領兵伏候於路。要擊大敗之。王以倭人屢侵疆埸。緣邊築二城。秋七月。大閱。

八年夏四月。大水。山崩一十七所。五月。沙伐郡蝗。

十年。春。命有司修理戰艦。秋。九月。天赤。大星自北流東南。

十一年。春。高句麗與靺鞨襲北邊悉直城。秋。九月。徵何瑟羅人年十五已上。築城於泥河。泥河一名泥川。

十二年春正月。定京都坊里名。夏四月。國西大水。漂毀民戶。秋七月。王巡撫經水州郡。

十三年。築三年山城。三年者。自興役始終三年訖功。故名之。

十四年春二月。築芼老城。三月。京都地裂。廣袤二丈。濁水湧。冬十月。大疫。

十六年春正月。以阿飡伐智、級飡德智。爲左右將軍。秋七月。葺明活城。

十七年。築一牟、沙尸、廣石、沓達、仇禮、坐羅等城。秋七月。高句麗王巨連親率兵攻百濟。百濟王慶遣子文周求援。王出兵救之未至。百濟已陷。慶亦被害。

十八年春正月。王移居明活城。

十九年夏六月。倭人侵東邊。王命將軍德智擊敗之。殺虜二百餘人。

二十年夏五月。倭人擧兵。五道來侵。竟無功而還。

二十一年春二月。夜赤光如匹練。自地至天。冬十月。京都地震。

二十二年春二月三日。王薨。

炤知一云毗處麻立干、立。慈悲王長子。母金氏。舒弗邯未斯欣之女。妃善兮夫人。乃宿伊伐飡女也。炤知幼有孝行。謙恭自守。人咸服之。

元年。大赦。賜百官爵一級。

二年春二月。祀始祖廟。夏五月。京都旱。冬十月。民飢。出倉穀賑給之。十一月。靺鞨侵北邊。

三年春二月。幸比列城。存撫軍士。賜征袍。三月。高句麗與靺鞨入北邊。取狐鳴等七城。又進軍於彌秩夫。我軍與百濟加耶援兵。分道禦之。賊敗退。追擊破之泥河西。斬首千餘級。

四年春二月。大風拔木。金城南門火。夏四月。久雨。命內外有司慮囚。五月。倭人侵邊。

五年夏四月。大水。秋七月。大水。冬十月。幸一善界。存問遭災百姓。賜穀有差。十一月。雷。京都大疫。

六年春正月。以烏含爲伊伐湌。三月。土星犯月。雨雹。秋七月。高句麗侵北邊。我軍與百濟合擊於母山城下。大破之。

七年春二月。築仇伐城。夏四月。親祀始祖廟。增置守廟二十家。五月。百濟來聘。

八年春正月。拜伊湌實竹爲將軍。徵一善界丁夫三千。改築三年屈山二城。二月。以乃宿爲伊伐湌。以叅國政。夏四月。倭人犯邊。秋八月。大閱於狼山之南。

九年春二月。置神宮於奈乙。奈乙始祖初生之處也。三月。始置四方郵驛。命所司修理官道。秋七月。葺月城。冬十月。雷。

十年春正月。王移居月城。二月。幸一善郡。存問鰥寡孤獨。賜穀有差。三月。至自一善。所歷州郡獄囚。除二死。悉原之。夏六月。東陽獻六眼龜。腹下有文字。秋七月。築刀那城。

十一年春正月。驅游食百姓歸農。秋九月。高句麗襲北邊至戈峴。冬十月。陷狐山城。

十二年春二月。重築鄙羅城。三月。龍見鄒羅井。初開京師市肆。以通四方之貨。

十四年。春夏旱。王責己減常膳。

十五年春三月。百濟王牟大遣使請婚。王以伊伐飡比智女送之。秋七月。置臨海長嶺二鎭。以備倭賊。

十六年夏四月。大水。秋七月。將軍實竹等與高句麗戰薩水之原。不克。退保犬牙城。高句麗兵圍之。百濟王牟大遣兵三千。救解圍。

十七年春正月。王親祀神宮。秋八月。高句麗圍百濟雉壤城。百濟請救。王命將軍德智、率兵以救之。高句麗衆潰。百濟王遣使來謝。

十八年春二月。加耶國送白雉。尾長五尺。三月。重修宮室。夏五月。大雨。閼川水漲。漂沒二百餘家。秋七月。高句麗來攻牛山城。將軍實竹出擊泥河上破之。八月。幸南郊觀稼。

十九年夏四月。倭人犯邊。秋七月。旱蝗。命羣官。舉才堪牧民者各一人。八月。高句麗攻陷牛山城。

二十二年春三月。倭人攻陷長峯鎭。夏四月。暴風拔木。龍見金城井。京都黃霧四塞。秋九月。王幸捺已郡。郡人波路有女子。名曰碧花。年十六歲。眞國色也。其父衣之以錦繡。置轝。羃以色絹。獻王。王以爲饋食。開見之。歛然幼女。怪而不納。及還宮。思念不已。再三微行。往其家幸之。路經古陁郡。宿於老嫗之家。因問曰。今之人以國王爲何如主乎。嫗對曰。衆以爲聖人。妾獨疑之。何者。竊聞王幸捺已之女。屢微服而來。夫龍爲魚服。爲漁者所制。今王以萬乘之位。不自愼重。此而爲聖。孰非聖乎。王聞之大慙。則潛逆其女。置於別室。至生一子。冬十一月。王薨。

三國史記卷第三

三國史記卷第四

輸忠定難靖國贊化同德功臣開府儀同三司檢校太師守太保門下侍中判尚書吏禮部事集賢殿大學士監修國史上柱國致仕臣金富軾 奉宣撰

新羅本紀第四

智證麻立干　法興王　眞興王　眞智王　眞平王

智證麻立干立。姓金氏。諱智大路。或云智度路。又云智哲老。奈勿王之曾孫。習寶葛文王之子。照知王之再從弟也。母金氏鳥生夫人。訥祇王之女。妃朴氏延帝夫人。登欣伊湌女。王體鴻大。膽力過人。前王薨。無子。故繼位。時年六十四歲。

論曰。新羅王稱居西干者一。次次雄者一。尼師今者十六。麻立干者四。羅末名儒崔致遠作帝王年代曆。皆稱某王。不言居西干等。豈以其言鄙野不足稱也。曰。左漢中國史書也。猶存楚語穀於菟、匈奴語撑犁孤塗等。今記新羅事。其存方言亦宜矣。

三年春三月。下令禁殉葬。前國王薨。則殉以男女各五人。至是禁焉。親祀神宮。三月。分命州郡主勸農。始用牛耕。

四年冬十月。羣臣上言。始祖創業已來。國名未定。或稱斯羅。或稱斯盧。或言新羅。臣等以爲新者德業日新。羅者網羅四方之義。則其爲國號宜矣。又觀自古有國家者。皆稱帝稱王。自我始祖立國。至今二十二世。但稱方言。未正尊號。今羣臣一意。謹上號新羅國王。王從之。

五年夏四月。制喪服法頒行。秋九月。徵役夫築波里、彌實、珍德、骨火等十二城。

六年春二月。王親定國內州郡縣。置悉直州。以異斯夫爲軍主。軍主之名始於此。冬十一月。始命所司藏氷。又制舟楫之利。

七年。春夏旱。民饑。發倉賑救。

十年春正月。置京都東市。三月。設檻穽、以除猛獸之害。秋七月。隕霜殺菽。

十一年夏五月。地震。壞人屋。有死者。冬十月。雷。

十三年夏六月。于山國歸服。歲以土宜爲貢。于山國在溟州正東海島。或名鬱陵島。地方一百里。恃嶮不服。伊飡異斯夫爲何瑟羅州軍主。謂于山人愚悍。難以威來。可以計服。乃多造木偶師子。分載戰船。抵其國海岸。誑告曰。汝若不服。則放此猛獸踏殺之。國人恐懼則降。

十五年春正月。置小京於阿尸村。秋七月。徙六部及南地人戶充實之。王薨。謚曰智證。新羅謚法始於此。

法興王立。諱原宗。（冊府元龜姓募名泰。）智證王元子。母延帝夫人。妃朴氏保刀夫人。王身長七尺。寬厚愛人。

三年春正月。親祀神宮。龍見楊山井中。
四年夏四月。始置兵部。
五年春二月。築株山城。
七年春正月。頒示律令。始制百官公服、朱紫之秩。
八年。遣使於梁。貢方物。
九年春三月。加耶國王遣使請婚。王以伊飡比助夫之妹送之。
十一年秋九月。王出巡南境拓地。加耶國王來會。
十二年春二月。以大阿飡伊登、爲沙伐州軍主。
十五年。肇行佛法。初訥祇王時。沙門墨胡子自高句麗至一善郡。郡人毛禮於家中作窟室安置。於時梁遣使賜衣著香物。羣臣不知其香名與其所用。遣人賫香徧問。墨胡子見之。稱其名目曰。此焚之則香氣芬馥。所以達誠於神聖。所謂神聖未有過於三寶。一曰佛陀。二曰達摩。三曰僧伽。若燒此發願。則必有靈應。時王女病革。王使胡子焚香表誓。王女之病尋愈。王甚喜。餽贈尤厚。胡子出見毛禮。以所得物贈之。因語曰。吾今有所歸。請辭。俄而不知所歸。至毗處王時。有阿道(一作我道)和尚。與侍者三人。亦來毛禮家。儀表似墨胡子。住數年。無病而死。其侍者三人留住。講讀經律。往往有信奉者。至是王亦欲興佛教。羣臣不信。喋喋騰口舌。王難之。近臣異次頓(或云處道)奏曰。請斬小臣以定衆議。王曰。本欲興道。而殺不辜非也。答曰。若道之得行。臣雖死無憾。王於是召羣臣問之。僉曰。今見僧徒。童頭異服。議論奇詭。而非常道。今若縱之。恐有後悔。臣等雖卽重罪。不敢奉詔。異次頓獨曰。今羣臣之言非也。夫有非常之人。然後有非常之事。今聞佛敎淵奧。恐不可不信。王曰。衆人之言。牢不可破。汝獨異言。不能兩從。遂下吏將誅之。異次頓臨死曰。我爲法就刑。佛若有神。吾死必有異事。及斬之。血從斷處湧。色白如乳。衆怪之不復非毁佛事。（此據金大問雞林雜傳所記書之。與韓奈麻金用行所撰我道和尙碑所錄、殊異。）

十六年。下令禁殺生。

十八年春三月。命有司修理隄防。夏四月。拜伊飡哲夫爲上大等。摠知國事。上大等官始於此。如今之宰相。

十九年。金官國主金仇亥。與妃及三子長曰奴宗、仲曰武德、季曰武力。以國帑寶物來降。王禮待之。授位上等。以本國爲食邑。子武力仕至角干。

二十一年。上大等哲夫卒。

二十三年。始稱年號、云建元元年。

二十五年春正月。敎許外官携家之任。

二十七年秋七月。王薨。謚曰法興。葬於哀公寺北峯。

眞興王立。諱彡麥宗。（或作深麥夫）時年七歲。法興王弟葛文王立宗之子也。母夫人金氏。法興王之女。妃朴氏思道夫人。王幼少。王太后攝政。

元年八月。大赦。賜文武官爵一級。冬十月。地震。桃李華。

二年春三月。雪一尺。拜異斯夫爲兵部令。掌內外兵馬事。百濟遣使請和。許之。

五年春二月。興輪寺成。三月。許人出家爲僧尼奉佛。

六年秋七月。伊飡異斯夫奏曰。國史者記君臣之善惡。示褒貶於萬代。不有修撰。後代何觀。王深然之。命大阿飡居柒夫等。廣集文士。俾之修撰。

九年春二月。高句麗與穢人攻百濟獨山城。百濟請救。王遣將軍朱玲。領勁卒三千擊之。殺獲甚衆。

十年。春。梁遣使與入學僧覺德、送佛舍利。王使百官奉迎興輪寺前路。

十一年春正月。百濟拔高句麗道薩城。三月。高句麗陷百濟金峴城。王乘兩國兵疲。命伊飡異斯夫出兵擊之。取二城增築。留甲士一千戍之。

十二年春正月。改元開國。三月。王巡守、次娘城。聞于勒及其弟子尼文知音樂。特喚之。王駐河臨宮。令奏其樂。二人各製新歌奏之。先是加耶國嘉悉王製十二弦琴。以象十二月之律。乃命于勒製其曲。及其國亂。操樂器投我。其樂名加耶琴。王命居柒夫等侵高句麗。乘勝取十郡。

十三年。王命階古、法知、萬德三人。學樂於于勒。于勒量其人之所能。敎階古以琴。敎法知以歌。敎萬德以舞。業成。王命奏之。曰與前娘城之音無異。厚賞焉。

十四年春二月。王命所司。築新宮於月城東。黃龍見其地。王疑之。改爲佛寺。賜號曰皇龍。秋七月。取百濟東北鄙。置新州。以阿飡武力爲軍主。冬十月。娶百濟王女爲小妃。

十五年秋七月。修築明活城。百濟王明穠與加良來攻管山城。軍主角干于德、伊飡耽知等逆戰失利。新州軍主金武力以州兵赴之。及交戰。裨將三年山郡高干都刀急擊殺百濟王。於是諸軍乘勝大克之。斬佐平四人士卒二萬九千六百人。匹馬無反者。

十六年春正月。置完山州於比斯伐。冬十月。王巡幸北漢山。拓定封疆。十一月。至自北漢山。教所經州郡。復一年租調。曲赦、除二罪。皆原之。

十七年秋七月。置比列忽州。以沙飡成宗爲軍主。

十八年。以國原爲小京。廢沙伐州。置甘文州。以沙飡起宗爲軍主。廢新州。置北漢山州。

十九年春二月。徙貴戚子弟及六部豪民。以實國原。奈麻身得作砲弩上之。置之城上。

二十三年秋七月。百濟侵掠邊戶。王出師拒之。殺獲一千餘人。九月。加耶叛。王命異斯夫討之。斯多含副之。斯多含領五千騎先馳。入栴檀門立白旗。城中恐懼。不知所爲。異斯夫引兵臨之。一時盡降。論功。斯多含爲最。王賞以良田及所虜二百口。斯多含三讓。王强之。乃受其生口。放爲良人。田分與戰士。國人美之。

二十五年。遣使北齊朝貢。

二十六年春二月。北齊武成皇帝詔以王爲使持節東夷校尉樂浪郡公新羅王。秋八月。命阿飡春賦出守國原。九月。廢完山州。置大耶州。陳遣使劉思與僧明觀來聘。送釋氏經論千七百餘卷。

二十七年春二月。祇園實際二寺成。立王子銅輪爲王太子。遣使於陳。貢方物。皇龍寺畢功。

二十八年春三月。遣使於陳。貢方物。

二十九年。改元大昌。夏六月。遣使於陳。貢方物。冬十月。廢北漢山州。置南川州。又廢比列忽州。置達忽州。

三十一年夏六月。遣使於陳。獻方物。

三十二年。遣使於陳。貢方物。

三十三年春正月。改元鴻濟。三月。王太子銅輪卒。遣使北齊朝貢。冬十月二十日。爲戰死士卒。設八關筵會於外寺。七日罷。

三十五年春三月。鑄成皇龍寺丈六像。銅重三萬五千七斤。鍍金重一萬一百九十八分。

三十六年。春夏旱。皇龍寺丈六像出淚至踵。

三十七年。春。始奉源花。初君臣病無以知人。欲使類聚羣遊。以觀其行義、然後擧而用之。遂簡美女二人。一曰南毛。一曰俊貞。聚徒三百餘人。二女爭娟相妬。俊貞引南毛於私第。强勸酒至醉。曳而投河水以殺之。俊貞伏誅。徒人失和罷散。其後更取美貌男子。粧飾之。名花郎以奉之。徒衆雲集。或相磨以道義。或相悅以歌樂。遊娛山水。無遠不至。因此知其人邪正。擇其善者。薦之於朝。故金大問花郎世記曰。賢佐忠臣。從此而秀。良將勇卒。由是而生。崔致遠鸞郎碑序曰。國有玄妙之道。曰風流。設敎之源。備詳仙史。實乃包含三教。接化羣生。且如入則孝於家。出則忠於國。魯司寇之旨也。處無爲之事。行不言之教。周柱史之宗也。諸惡莫作。諸善奉行。竺乾太子化也。唐令狐澄新羅國記曰。擇貴人子弟之美者。傅粉粧飾之。名曰花郎。國人皆尊事之也。安弘法師入隋求法。與胡僧毗摩羅等二僧廻。上稜伽勝鬘經及佛舍利。秋八月。王薨。諡曰眞興。葬于哀公寺北峯。王幼年即位。一心奉佛。至末年祝髮被僧衣。自號法雲。以終其身。王妃亦效之爲尼。住永興寺。及其薨也。國人以禮葬之。

眞智王、立。諱舍輪。或云金輪眞興王次子。母思道夫人。妃知道夫人。太子早卒。故眞智立。

元年。以伊飡居柒夫爲上大等。委以國事。

二年春二月。王親祀神宮。大赦。冬十月。百濟侵西邊州郡。命伊飡世宗出師。擊破之於一善北。斬獲三千七百級。築內利西城。

三年秋七月。遣使於陳。以獻方物。與百濟閼也山城。

四年春二月。百濟築熊峴城、松述城。以梗䔉山城、麻知峴城、內利西城之路。秋七月十七日。王薨。諡曰眞智。葬于永敬寺北。

眞平王、立。諱白淨。眞興王太子銅輪之子也。母金氏萬呼一云萬內夫人。葛文王立宗之女。妃金氏摩耶夫人。葛文王福勝之女。王生有奇相。身體長大。志識沉毅明達。

元年八月。以伊飡弩里夫爲上大等。封母弟伯飯爲眞正葛文王。國飯爲眞安葛文王。

二年春二月。親祀神宮。以伊飡后稷爲兵部令。

三年春正月。始置位和府。如今吏部。
五年春正月。始置船府署大監弟監各一員。
六年春二月。改元建福。三月。置調府令一員、掌貢賦。乘府令一員、掌車乘。
七年春三月。旱。王避正殿減常饍。御南堂親錄囚。秋七月。高僧智明入陳求法。
八年春正月。置禮部令二員。夏五月。雷震。星殞如雨。
九年秋七月。大世、仇柒二人適海。大世奈勿王七世孫。伊飡冬臺之子也。賚俊逸。少有方外志。與交遊僧淡水曰。在此新羅山谷之間。以終一生。則何異池魚籠鳥、不知滄海之浩大、山林之寬閑乎。吾將乘桴泛海、以至吳越、侵尋追師、訪道於名山。若凡骨可換。神仙可學。則飄然乘風於泬寥之表。此天下之奇遊壯觀也。子能從我乎。淡水不肯。大世退而求友。適遇仇柒者。耿介有奇節。遂與之遊南山之寺。忽風雨。落葉泛於庭潦。大世與仇柒言曰。吾有與君西遊之志。今各取一葉爲之舟。以觀其行之先後。俄而大世之葉在前。大世笑曰。吾其行乎。仇柒勃然曰。予亦男兒也。豈獨不能乎。大世知其可與。密言其志。仇柒曰。吾願也。遂相與爲友。自南海乘舟而去。後不知其所往。
十年冬十二月。上大等弩里夫卒。以伊飡首乙夫爲上大等。
十一年春三月。圓光法師入陳求法。秋七月。國西大水。漂沒人戶三萬三百六十。死者二百餘人。王發使賑恤之。
十三年春二月。置領客府令二員。秋七月。築南山城。周二千八百五十四步。

十五年秋七月。改築明活城。周三千步。西兄山城。周二千步。
十六年。隋帝詔拜王爲上開府樂浪郡公新羅王。
十八年春三月。高僧曇育入隋求法。遣使如隋。貢方物。冬十月。永興寺火。延燒三百五十家。王親臨救之。
十九年。三郎寺成。
二十二年。高僧圓光隨朝聘使奈麻諸文、大舍横川還。
二十四年。遣使大奈麻上軍。入隋進方物。秋八月。百濟來攻阿莫城。王使將士逆戰。大敗之。貴山、箒項死之。九月。高僧智明隨入朝使上軍還。王尊敬明公戒行。爲大德。
二十五年秋八月。高句麗侵北漢山城。王親率兵一萬以拒之。
二十六年秋七月。遣大奈麻萬世、惠文等朝隋。廢南川州。還置北漢山州。
二十七年春三月。高僧曇育隨入朝使惠文還。秋八月。發兵侵百濟。
三十年。王患高句麗屢侵封埸。欲請隋兵以征高句麗。命圓光修乞師表。光曰。求自存而滅他。非沙門之行也。貧道在大王之土地。食大王之水草。敢不惟命是從。乃述以聞。二月。高句麗侵北境。虜獲八千人。四月。高句麗拔牛鳴山城。
三十一年春正月。毛只嶽下地燒。廣四步、長八步、深五尺。至十月十五日滅。
三十三年。王遣使隋。奉表請師。隋煬帝許之。行兵事在高句麗紀。冬十月。百濟兵來圍椵岑城百日。縣令讚德固守。力竭死之。城沒。

三十五年。春。旱。夏四月。降霜。秋七月。隋使王世儀至皇龍寺。設百高座。邀圓光等法師說經。

三十六年春二月。廢沙伐州。置一善州。以一吉飡日夫爲軍主。永興寺塑佛自壞。未幾。眞興王妃比丘尼死。

三十七年春二月。賜大酺三日。冬十月。地震。

三十八年冬十月。百濟來攻母山城。

四十年。北漢山州軍主邊品謀復椵岑城。發兵與百濟戰。奚論從軍。赴敵力戰死之。論讚德之子也。

四十三年秋七月。王遣使大唐。朝貢方物。高祖親勞問之。遣通直散騎常侍庾文素來聘。賜以璽書及畫屛風錦綵三百段。

四十四年春正月。王親幸皇龍寺。二月。以伊飡龍樹爲內省私臣。初王七年。大宮、梁宮、沙梁宮三所。各置私臣。至是置內省私臣一人。兼掌三宮。

四十五年春正月。置兵部大監二員。冬十月。遣使大唐朝貢。百濟襲勒弩縣。

四十六年春正月。置侍衛府大監六員、賞賜署大正一員、大道署大正一員。三月。唐高祖降使冊王爲柱國樂浪郡公新羅王。冬十月。百濟兵來圍我速含、櫻岑、岐岑、烽岑、旗縣、穴柵等六城。於是三城或沒或降。級飡訥催合烽岑、櫻岑、旗懸三城兵堅守。不克。死之。

四十七年冬十一月。遣使大唐朝貢。因訟高句麗塞路、使不得朝、且數侵入。

四十八年秋七月。遣使大唐朝貢。唐高祖遣朱子奢來。詔諭與高句麗連和。八月。百濟攻主在城。城主東所拒戰死之。築高墟城。

四十九年春三月。大風雨土。過五日。夏六月。遣使大唐朝貢。秋七月。百濟將軍沙乞拔西鄙二城。虜男女三百餘口。八月。隕霜殺穀。冬十一月。遣使大唐朝貢。

五十年春二月。百濟圍椵岑城。王出師擊破之、夏大旱。移市畫龍祈雨。秋冬民飢。賣子女。

五十一年秋八月。王遣大將軍龍春、舒玄、副將軍庾信。侵高句麗娘臂城。麗人出城列陣。軍勢甚盛。我軍望之懼。殊無鬪心。庾信曰。吾聞振領而裘正。提綱而網張。吾其爲綱領乎。乃跨馬拔劍。向敵陣直前、三入三出。每入或斬將或搴旗。諸軍乘勝。皷譟進擊。斬殺五千餘級。其城乃降。九月。遣使大唐朝貢。

五十二年。大宮庭地裂。

五十三年春二月。白狗上于宮墻。夏五月。伊飡柒宿與阿飡石品謀叛。王覺之。捕捉柒宿。斬之東市。幷夷九族。阿飡石品亡至百濟國境、思見妻子。晝伏夜行。還至叢山。見一樵夫。脫衣換樵夫敝衣。衣之負薪。潛至於家。被捉伏刑。秋七月。遣使大唐獻美女二人魏徵以爲不宜受。上喜曰。彼林邑獻鸚鵡。猶言苦寒、思歸其國、況二女遠別親戚乎。付使者歸之。白虹飮于宮井。土星犯月。

五十四年春正月。王薨。謚曰眞平。葬于漢只。唐太宗詔贈左光祿大夫。賻物段二百。古記云貞觀六年壬辰正月卒。而新唐書資理通鑑皆云貞觀五年辛卯羅王眞平卒。豈其誤耶。

三國史記卷第四

三國史記卷第五

輸忠定難靖國贊化同德功臣開府儀同三司檢校太師守太保門下侍中判尚書吏禮部事集賢殿大學士監修國史上柱國致仕臣金富軾奉
宣撰

新羅本紀第五

善德王　眞德王
太宗王

善德王立。諱德曼。眞平王長女也。母金氏摩耶夫人。德曼性寬仁明敏。王薨無子。國人立德曼。上號聖祖皇姑。前王時。得自唐來牧丹花圖幷花子。以示德曼。德曼曰。此花□□□□定無香氣。王笑曰。爾何以知之。對曰。畫花而無蝶。故知之。大抵女有國色□□□□□□□□□□□故也。此花絕艷。而圖畫又無蜂蝶。是必無香花。種植之。果如所言。其先識如此。

元年二月。以大臣乙祭摠持國政。夏五月。旱。至六月乃雨。冬十月。遣使撫問國內鰥寡孤獨不能自存者。賑恤之。十二月。遣使入唐朝貢。

二年春正月。親祀神宮。大赦。復諸州郡一年租調。二月。京都地震。秋七月。遣使大唐朝貢。八月。百濟侵西邊。

三年春正月。改元仁平。芬皇寺成。三月。雹。大如栗。

四年。唐遣使持節。冊命王爲柱國樂浪郡公新羅王。以襲父封。靈廟寺成。冬十月。遣伊湌水品、龍樹一云龍春巡撫州縣。

五年春正月。拜伊湌水品爲上大等。三月。王疾。醫禱無效。於皇龍寺設百高座。集僧講仁王經。許度僧一百人。夏五月。蝦蟇大集宮西玉門池。王聞之。謂左右曰。蝦蟇怒目。兵士之相也。吾嘗聞。西南邊亦有地名玉門谷者。□□必有賊兵潛入其中乎。乃命將軍閼川、弼呑等。往搜之。□果百濟將軍于召欲襲獨山城。率甲士五百人。來伏其處。閼川掩擊殺之。慈藏法師入唐求法。

六年春正月。拜伊湌思眞爲舒弗邯。秋七月。拜閼川爲大將軍。

七年春三月。七重城南大石自移三十五步。秋九月。雨黃花。冬十月。高句麗侵北邊七重城。百姓驚擾入山谷。王命大將軍閼川安集之。十一月。閼川與高句麗兵戰於七重城外克之。殺虜甚衆。

八年春二月。以何瑟羅州爲北小京。命沙湌眞珠鎭之。秋七月。東海水赤且熱。魚鼈死。

九年夏五月。王遣子弟於唐。請入國學。是時太宗大徵天下名儒爲學官。數幸國子監。使之講論。學生能明一大經已上。皆得補官。增築學舍千二百間。增學生滿三千二百六十員。於是四方學者雲集京師。於是高句麗百濟高昌□吐蕃亦遣子弟入學。

十一年春正月。遣使大唐獻方物。秋七月。百濟王義慈大擧兵。攻取國西四十餘城。八月。又與高句麗謀。欲取党項城。以絕歸唐之路。王遣使告急於太宗。是月。百濟將軍允忠領兵攻拔大耶城。都督伊飡品釋舍知竹竹、龍石等死之。冬。王將伐百濟、以報大耶之役。乃遣伊飡金春秋於高句麗以請師。初大耶之敗也。都督品釋之妻死焉。是春秋之女也。春秋聞之。倚柱而立。終日不瞬。人物過前而不之省。旣而言曰。嗟乎大丈夫。豈不能呑百濟乎。便詣王曰。臣願奉使高句麗請兵。以報怨於百濟。王許之。高句麗王高臧素聞春秋之名。嚴兵衞而後見之。春秋進言曰。今百濟無道。爲長蛇封豕。以侵軼我封疆。寡君願得大國兵馬。以洗其恥。乃使下臣致命於下執事。麗王謂曰。竹嶺本是我地分。汝若還竹嶺西北之地。兵可出焉。春秋對曰。臣奉君命乞師。大王無意救患以善隣。但威刼行人、以要歸地。臣有死而已。不知其他。臧怒其言之不遜。囚之別館。春秋潛使人告本國王。王命大將軍金庾信。領死士一萬人赴之。庾信行軍過漢江。入高句麗南境。麗王聞之。放春秋以還。拜庾信爲押梁州軍主。

十二年春正月。遣使大唐獻方物。三月。入唐求法高僧慈藏還。秋九月。遣使大唐上言。高句麗百濟侵凌臣國。累遭攻襲數十城。兩國連兵。期之必取。將以今玆九月大舉。下國社稷必不獲全。謹遣陪臣歸命大國。願乞偏師。以存救援。帝謂使人曰。我實哀爾爲二國所侵。所以頻遣使人和爾三國。高句麗百濟旋踵翻悔。意在呑滅而分爾土宇。爾國設何奇謀以免顚越。使人曰。吾王事窮計盡。唯告急大國。冀以全之。帝曰。我少發邊兵。摠契丹靺鞨直入遼東。爾國自解。可緩爾一年之圍。此後知無繼兵。還肆侵侮。四國俱接。於爾未安。此爲一策。我又能給爾數千朱袍丹幟。二國兵至。建而陳之。彼見者以爲我兵。必皆奔走。此爲二策。百濟國恃海之嶮。不修機械。男女紛雜。互相燕聚。我以數十百船。載以甲卒。銜枚泛海。直襲其地。爾國以婦人爲主。爲隣國輕侮。失主延寇。靡歲休寧。我遣一宗支。與爲爾國主。而自不可獨王。當遣兵營護。待爾國安。任爾自守。此爲三策。爾宜思之。將從何事。使人但唯而無對。帝嘆其庸鄙非乞師告急之才也。

十三年春正月。遣使大唐獻方物。太宗遣司農丞相里玄奬齎璽書。賜高句麗曰。新羅委命國家。朝貢不闕。爾與百濟。宜即戢兵。若更攻之。明年當出師擊爾國矣。蓋蘇文謂玄奬曰。高句麗新羅怨隙已久。往者隋室相侵。新羅乘釁奪高句麗五百里之地。城邑皆據有之。非返地還城。此兵恐未能已。玄奬曰。已往之事。焉可追論。蘇文竟不從。秋九月。王命庾信爲大將軍。領兵伐百濟。大克之。取城七。

十四年春正月。遣使大唐貢獻方物。庾信自伐百濟還。未見王。百濟大軍復來寇邊。王命庾信。遂不至家。往伐破之。斬首二千級。□□□□於王。未得歸家。又急報百濟復來侵。王以事急。乃曰。國之存亡。繫公一身。庶不憚勞。往其圖之。庾信又不歸家。晝夜鍊兵。西行道過宅門。一家男女瞻望涕泣。公不顧而歸。三月。創造皇龍寺塔。從慈藏之請也。夏五月。太宗親征高句麗。王發兵三萬以助之。百濟乘虛襲取國西七城。冬十一月。拜伊飡毗曇爲上大等。

十六年春正月。毗曇、廉宗等謂女主不能善理。因謀叛擧兵。不克。八日。王薨。謚曰善德。

葬于狼山。唐書云貞觀二十一年卒。通鑑云二十五年卒。以本史考之。通鑑誤也。

論曰。臣聞之。古有女媧氏。非正是天子。佐伏羲理九州耳。至若呂雉武曌。値幼弱之主。臨朝稱制。史書不得公然稱王。但書高皇后呂氏、則天皇后武氏者。以天言之。則陽剛而陰柔。以人言之。則男尊而女卑。豈可許姥嫗出閨房、斷國家之政事乎。新羅扶起女子。處之王位。誠亂世之事。國之不亡。幸也。書云牝雞之晨。易云羸豕孚蹢躅。其可不爲之戒哉。

眞德王立。名勝曼。眞平王母弟國飯一云國芬葛文王之女也。母朴氏。月明夫人。勝曼姿質豐麗。長七尺。垂手過膝。

元年正月十七日。誅毗曇。坐死者三十人。二月。拜伊飡閼川爲上大等。大阿飡守勝爲牛頭州軍主。唐太宗遣使持節。追贈前王爲光祿大夫。仍冊命王爲柱國。封樂浪郡王。秋七月。遣使入唐謝恩。改元太和。八月。彗星出於南方。又衆星北流。冬十月。百濟兵圍茂山、甘勿、桐岑三城。王遣庾信。率步騎一萬以拒之。苦戰氣竭。庾信麾下丕寧子及其子擧眞入敵陣。急格死之。衆皆奮擊。斬首三千餘級。十一月。王親祀神宮。

二年春正月。遣使大唐朝貢。三月。百濟將軍義直侵西邊。陷腰車等一十餘城。王患之。命押督州都督庾信以謀之。庾信於是訓勵士卒。將以發行。義直拒之。庾信分軍爲三道。夾擊之。百濟兵敗走。庾信追北。殺之幾盡。王悅賞賜士卒有差。冬。使邯帙許朝唐。太宗勅御史問。新羅臣事大朝。何以別稱年號。帙許言。曾是天朝未頒正朔。是故先祖法興王以來。私有紀年。若大朝有命。小國又何敢焉。太宗然之。遣伊湌金春秋及其子文王朝唐。太宗遣光祿卿柳亨郊勞之。旣至。見春秋儀表英偉厚待之。春秋請詣國學。觀釋奠及講論。太宗許之。仍賜御製溫湯及晉祠碑并新撰晉書。嘗召燕見。賜以金帛尤厚。問曰。卿有所懷乎。春秋跪奏曰。臣之本國。僻在海隅。伏事天朝。積有歲年。而百濟强猾。屢肆侵凌。況往年大擧深入。攻陷數十城。以塞朝宗之路。若陛下不借天兵翦除凶惡。則敝邑人民盡爲所虜。則梯航述職無復望矣。太宗深然之。許以出師。春秋又請改其章服。以從中華制。於是內出珍服。賜春秋及其從者。詔授春秋爲特進。文王爲左武衛將軍。還國。詔令三品以上燕餞之。優禮甚備。春秋奏曰。臣有七子。願使不離聖明宿衛。乃命其子文注與大監□□。春秋還至海上。遇高句麗邏兵。春秋從者溫君解高冠大衣坐於船上。邏兵見以爲春秋。捉殺之。春秋乘小船至國。王聞之嗟痛。追贈君解爲大阿湌。優賞其子孫。

三年春正月。始服中朝衣冠。秋八月。百濟將軍殷相率衆來。攻陷石吐等七城。王命大將軍庾信將軍陳春竹旨天存等出拒之。轉鬪經旬。不解。進屯於道薩城下。庾信謂衆曰。今日必有百濟人來諜。汝等佯不知。勿敢誰何。乃使徇于軍中曰。堅壁不動。明日待援軍然後決戰。諜者聞之。歸報殷相。相等謂有加兵。不能不疑懼。於是庾信等進擊大敗之。殺虜將士一百人。斬軍卒八千九百八十級。獲戰馬一萬匹。至若兵仗。不可勝數。

四年夏四月。下教。以眞骨在位者執牙笏。六月。遣使大唐。告破百濟之衆。王織錦作五言大平頌。遣春秋子法敏。以獻唐皇帝。其辭曰。大唐開洪業。巍巍皇猷昌。止戈戎衣定。修文繼百王。統天崇雨施。理物體含章。深仁諧日月。撫運邁時康。幡旗何赫赫。鉦鼓何鍠鍠。外夷違命者。剪覆被天殃。淳風凝幽顯。遐邇競呈祥。四時和玉燭。七曜巡萬方。維嶽降、宰輔。維帝任忠良。五三成一德。昭我唐家皇。高宗嘉焉。拜法敏爲大府卿以還。是歲始行中國永徽年號。

論曰。三代更正朔。後代稱年號。皆所以大一統。新百姓之視聽者也。是故苟非乘時並起、兩立而爭天下、與夫姦雄乘間而作、覬覦神器。則偏方小國。臣屬天子之邦者。固不可以私名年。若新羅以一意事中國。使航貢篚相望於道。而法興自稱年號。惑矣。厥後承愆襲繆。多歷年所。聞太宗之誚讓。猶且因循。至是然後奉行唐號。雖出於不得已。而抑可謂過而能改者矣。

五年春正月朔。王御朝元殿。受百官正賀。賀正之禮始於此。二月。改稟主爲執事部。仍拜波珍飡竹旨爲執事中侍。以掌機密事務。□□□遣波珍飡金仁問入唐朝貢。仍留宿衛。

六年春正月。以波珍飡天曉爲左理方府令。遣使大唐朝貢。三月。京都大雪。王宮南門無故自毀。

七年冬十一月。遣使大唐獻金總布。

八年春三月。王薨。謚曰眞德。葬沙梁部。唐高宗聞之。爲擧哀於永光門。使大常丞張文收持節弔祭之。贈開府儀同三司。賜綵段三百。國人謂始祖赫居世至眞德二十八王。謂之聖骨。自武烈至末王。謂之眞骨。唐令狐澄新羅記曰。其國王族謂之第一骨。餘貴族第二骨。

太宗武烈王立。諱春秋。眞智王子伊飡龍春（一云龍樹）之子也。（唐書以爲眞德之弟。誤也。）母天明夫人。眞平王女。妃文明夫人。舒玄角飡女也。王儀表英偉。幼有濟世志。事眞德位歷伊飡。唐帝授以特進。及眞德薨。羣臣請閼川伊飡攝政。閼川固讓曰。臣老矣。無德行可稱。今之德望崇重。莫若春秋公。實可謂濟世英傑矣。遂奉爲王。春秋三讓。不得已而就位。

元年夏四月。追封王考爲文興大王。母爲文貞太后。大赦。五月。命理方府令良首等。詳酌律令。修定理方府格六十餘條。唐遣使持節。備禮冊命爲開府儀同三司新羅王。王遣使入唐表謝。

二年春正月。拜伊飡金剛爲上大等。波珍飡文忠爲中侍。高句麗與百濟靺鞨連兵。侵軼我北境。取三十三城。王遣使入唐求援。三月。唐遣營州都督程名振、左右衛中郎將蘇定方。發兵擊高句麗。立元子法敏爲太子。庶子文王爲伊飡。老且爲海飡。仁泰爲角飡。智鏡、愷元各爲伊飡。冬十月。牛首州獻白鹿。屈弗郡進白猪。一首二身八足。王女智照下嫁大角飡庾信。立鼓樓月城內。

三年。金仁問自唐歸。遂任軍主。監築獐山城。秋七月。遣子右武衛將軍文王朝唐。

四年秋七月。一善郡大水。溺死者三百餘人。東吐含山地燃。三年而滅。興輪寺門自壞。

□□□北巖崩碎爲米。食之如陳倉米。
五年春正月。中侍文忠改爲伊飡。文王爲中侍。三月。王以何瑟羅地連靺鞨、人不能安。罷京爲州。置都督以鎭之。又以悉直爲北鎭。
六年夏四月。百濟頻犯境。王將伐之。遣使入唐乞師。秋八月。以阿飡眞珠爲兵部令。九月。何瑟羅州進白鳥。公州基郡江中大魚出死。長百尺。食者死。冬十月。王坐朝。以請兵於唐不報。憂形於色。忽有人於王前。若先臣長春罷郞者。言曰。臣雖枯骨。猶有報國之心。昨到大唐。認得皇帝命大將軍蘇定方等。領兵以來年五月來伐百濟。以大王勤佇如此。故玆控告。言畢而滅。王大驚異之。厚賞兩家子孫。仍命所司。創漢山州莊義寺。以資冥福。
七年春正月。上大等金剛卒。拜伊飡金庾信爲上大等。三月。唐高宗命左武衛大將軍蘇定方。爲神丘道行軍大摠管。金仁問爲副大摠管。帥左驍衛將軍劉伯英等水陸十三萬□□伐百濟。勅王爲嵎夷道行軍摠管。何將兵爲之聲援。夏五月二十六日。王與庾信、眞珠、天存等領兵出京。六月十八日。次南川停。定方發自萊州。舳艫千里。隨流東下。二十一日。王遣太子法敏。領兵船一百艘。迎定方於德物島。定方謂法敏曰。吾欲以七月十日至百濟南。與大王兵會。屠破義慈都城。法敏曰。大王立待大軍。如聞大將軍來。必蓐食而至。定方喜。還遣法敏。徵新羅兵馬。法敏至言。定方軍勢甚盛。王喜不自勝。又命太子與大將軍庾信、將軍品日、欽春（春或作純）等。率精兵五萬應之。王次今突城。秋七月九日。庾信等進軍於黃山之原。百濟將軍堦伯擁兵而至。先據嶮設三營以待。庾信等分軍爲三道。四戰不利。士卒力竭。將軍欽純謂子盤屈曰。爲臣莫若忠。爲子莫若孝。見危致命。忠孝兩全。盤屈曰。謹聞命矣。乃入陣力戰死。左將軍品日喚子官狀。一云官昌立於馬前。指諸將曰。吾兒年纔十六。志氣頗勇。今日之役。能爲三軍標的乎。□□官狀曰唯。以甲馬單搶。徑赴敵陣。爲賊所擒。生致堦伯。堦伯俾脫胄。愛其少且勇。不忍加害。乃歎曰。新羅不可敵也。少年尙如此。况壯士乎。乃許生還。官狀告父曰。吾入敵中。不能斬將搴旗者。非畏死也。言訖。以手掬井水飮之。更向敵陣疾鬪。堦伯擒斬首。繫馬鞍以之。品日執其首。流血濕袂。曰。吾兒面目如生。能死於王事幸矣。三軍見之。慷慨有死志。鼓噪進擊。百濟衆大敗。堦伯死之。虜佐平忠常。常永等二十餘人。是日定方與副摠管金仁問等。到伎伐浦。遇百濟兵。逆擊大敗之。庾信等至唐營。定方以庾信等後期。將斬新羅督軍金文穎或作永於軍門。庾信言於衆曰。大將軍不見黃山之役。將以後期爲罪。吾不能無罪而受辱。必先與唐軍決戰。然後破百濟。乃杖鉞軍門。怒髮如植。其腰間寶劍自躍出鞘。定方右將董寶亮躡足曰。新羅兵將有變也。定方乃釋文穎之罪。百濟王子使佐平覺伽移書於唐將軍。哀乞退兵。十二日。唐羅軍□□□圍義慈都城。進於所夫里之原。定方有所□□□前。庾信說之。二軍勇敢。四道齊振。百濟王子又使上佐平致饔餼豐腆。定方却之。王庶子躬與佐平六人詣前乞罪。又揮之。十三日。義慈率左右夜遁走。保熊津城。義慈子隆與大佐平千福等出降。法敏跪隆於馬前。唾面罵曰。向者汝父枉殺我妹。埋之獄中。使我二十年間痛心疾首。今日汝命在吾手中。隆伏地無言。十八日。義慈率太子及熊津方領軍等。自熊津城來降。王聞義慈降。二十九日。自今突城至所夫里城。遣弟監天福。露布於大唐。八月二日。大置酒勞將士。王與定方及諸將坐於堂上。坐義慈及子隆於堂下。或使義慈行酒。百濟佐平等羣臣莫不嗚咽流涕。是日捕斬毛尺。毛尺本新羅人。亡入百濟。與大耶城黔日同謀陷城。故斬之。又捉黔日。數曰。汝在大耶城。與毛尺謀。引百濟之兵。燒亡倉庫。令一城乏食致敗。罪一也。逼殺品釋夫妻。罪二也。與百濟來攻本國。罪三也。以四支解。投其尸於江水。百濟餘賊據南岑貞峴□□□城。又佐平正武聚衆屯豆尸原嶽。抄掠唐羅人。二十六日。攻任大柵。兵多地嶮。不能克。但攻破小柵。九月三日。郎將劉仁願以兵一萬人留鎭泗沘城。王子仁泰與沙飡日原、級飡吉那、以兵七千副之。定方以百濟王及王族臣寮九十三人、百姓一萬二千人。自泗沘乘船廻唐。金仁問與沙飡儒敦、大奈麻中知等偕行。二十三日。百濟餘賊入泗沘。謀掠生降人。留守仁願出唐羅人。擊走之。賊退上泗沘南嶺。竪四五柵。屯聚伺隙。抄掠城邑。百濟人叛而應者二十餘城。唐皇帝遣左衛中郎將王文度爲熊津都督。二十八日。至三年山城傳詔。文度面東立。大王面西立。錫命後。文度欲以宜物授王。忽疾作便死。從者攝位畢事。十月九日。王率太子及諸軍攻尒禮城。十八日。取其城。置官守。百濟二十餘城震懼皆降。三十日。攻泗沘南嶺軍柵。斬首一千五百人。十一月一日。高句麗侵攻七重城。軍主匹夫死之。五日。王行渡雞灘。攻王興寺岑城。七日乃克。斬首七百人。二十二日。王來自百濟。論功。以罽衿卒宣服爲級飡。軍師豆迭爲高干。戰死。儒史知未知活寶弘伊屑儒等四人。許職有差。百濟人員。並量才任用。佐平忠常、常永、達率自簡授位一吉飡、充職摠管。恩率武守授位大奈麻、充職大監。恩率仁守授位大奈麻、充職弟監。

八年春二月。百濟殘賊來攻泗沘城。王命伊飡品日爲大幢將軍。迊飡文王、大阿飡良圖、阿飡忠常等副之。迊飡文忠爲上州將軍。阿飡眞王副之。阿飡義服爲下州將軍。武欻、旭川等爲南川大監。文品爲誓幢將軍。義光爲郎幢將軍。往救之。三月五日。至中路。品日分麾下軍。先行、往豆良尹（一作伊）城南。相營地。百濟人望陣不整。猝出急擊不意。我軍驚駭潰北。十二日。大軍來屯古沙比城外。進攻豆良尹城、一朔有六日。不克。夏四月十九日。班師。大幢誓幢先行。下州軍殿後。至賓骨壤。遇百濟軍。相鬪敗退。死者雖小。先亡兵械輜重甚多。上州郎幢遇賊於角山。而進擊克之。遂入百濟屯堡。斬獲二千級。王聞軍敗大驚。遣將軍金純、眞欽、天存、竹旨。濟師救援。至加尸兮津。聞軍退。至加召川。乃還。王以諸將敗績。論罰有差。五月九日。（一云十一日）高句麗將軍惱音信與靺鞨將軍生偕合軍。來攻述川城。不克。移攻北漢山城。列拋車。飛石所當陴屋輒壞。城主大舍冬陁川使人擲鐵蒺蔾於城外。人馬不能行。又破安養寺廩廥。輸其材。隨城壞處。卽構爲樓櫓。結絙網。懸牛馬皮綿衣。內設弩砲以守。時城內只有男女二千八百人。城主冬陁川能激勵少弱。以敵强大之賊。凡二十餘日。然糧盡力疲。至誠告天。忽有大星。落於賊營。又雷雨以震。賊疑懼解圍而去。王嘉奬冬陁川。擢位大奈麻。移押督州於大耶。以阿飡宗貞爲都督。六月。大官寺井水爲血。金馬郡地流血廣五步。王薨。謚曰武烈。葬永敬寺北。上號太宗。高宗聞訃。擧哀於洛城門。

三國史記卷第五

三國史記卷第六

輸忠定難靖國贊化同德功臣開府儀同三司檢校太師守太保門下侍中判尚書吏禮部事集賢殿太學士監修國史上柱國致仕臣金富軾奉宣撰

新羅本紀第六　文武王上

文武王、立。諱法敏。太宗王之元子。母金氏文明王后。蘇判舒玄之季女。庾信之妹也。其妹夢登西兄山頂坐。旋流徧國內。覺與季言夢。季戲曰。予願買兄此夢。因與錦裙爲直。後數日。庾信與春秋公蹴鞠。因踐落春秋衣紐。庾信曰。吾家幸近。請往綴紐。因與俱往宅置酒。從容喚寶姬。持針線來縫。其姉有故不進。其季進前縫綴。淡粧輕服。光艷炤人。春秋見而悅之。乃請婚成禮。則有娠生男。是謂法敏。妃慈儀王后。波珍飡善品之女也。法敏姿表英特。聰明多智略。永徽初如唐。高宗授以大府卿。太宗元年以波珍飡爲兵部令。尋封爲太子。顯慶五年。太宗與唐將蘇定方平百濟。法敏從之有大功。至是卽位。

元年六月。入唐宿衛仁問儒敦等至告王。皇帝已遣蘇定方。領水陸三十五道兵。伐高句麗。遂命王擧兵相應。雖在服。重違皇帝勅命。秋七月十七日。以金庾信爲大將軍。仁問、眞珠、欽突爲大幢將軍。天存、竹旨、天品爲貴幢摠管。品日、忠常、義服爲上州摠管。眞欽、衆臣、自簡爲下州摠管。軍官、藪世、高純爲南川州摠管。述實、達官、文穎爲首若州摠管。文訓、眞純爲河西州摠管。眞福爲誓幢摠管。義光爲郞幢摠管。慰知爲罽衿大監。八月。大王領諸將。至始飴谷停留。□使來告曰。百濟殘賊據甕山城△□□□□□大△王先遣使諭之。不服。九月十九日。大王進次熊峴停。集諸摠管大監。親臨誓之。二十五日。進軍圍甕山城。至二十七日。先燒大柵。斬殺數千人。遂降之。論功賜角干、伊飡、爲摠管者、劒。迊飡、波珍飡、大阿飡、爲摠管者、戟。已下各一品位。築熊峴城。上州摠管品日、與一牟山郡大守大幢、沙戶山郡大守哲川等。率兵攻雨述城。斬首一千級。百濟達率助服、恩率波伽與衆謀降。賜位助服級飡、仍授古陁耶郡大守。波伽級飡、兼賜田宅衣物。冬十月二十九日。大王聞唐皇帝使者至。遂還京。唐使弔慰。兼勅祭前王。贈雜彩五百段。庾信等休兵待後命。含資道摠管劉德敏至。傳勅旨、輸平壤軍粮。

二年春正月。唐使臣在館。至是冊命王爲開府儀同三司上柱國樂浪郡王新羅王。拜伊飡文訓爲中侍。王命庾信與仁問、良圖等九將軍。以車二千餘兩。載米四千石、租二萬二千餘石。赴平壤。十八日。宿風樹村。冰滑道險。車不得行。並載以牛馬。二十三日。渡七重河至蒜壤。貴幢弟監星川、軍師述川等遇賊兵於梨峴。擊殺之。二月一日。庾信等至獐塞。距平壤三萬六千步。先遣步騎監裂起等十五人。赴唐營。是日風雪寒沍。人馬多凍死。六日。至楊隩。庾信遣阿飡良圖、大監仁仙等致軍粮。贈定方以銀五千七百分、細布三十四、頭髮三十兩、牛黃十九兩。定方得軍粮便能還。庾信等聞唐兵歸。亦還渡瓢川。高句麗兵追之。廻軍對戰。斬首一萬餘級。虜小兄阿達兮等。得兵械萬數。論功。中分本彼宮財貨田莊奴僕。以賜庾信、仁問。靈廟寺災。耽羅國主佐平徒冬音律(津一作)來降。耽羅自武德以來。臣屬百濟。故以佐平爲官號。至是降爲屬國。三月大赦。王以既平百濟。命所司設大酺。秋七月遣伊飡金仁問入唐貢方物。八月。百濟殘賊屯聚內斯只城作惡。遣欽純等十九將軍討破之。大幢摠管眞珠、南川州摠管眞欽詐稱病。閑放不恤國事。遂誅之。幷夷其族。沙飡如冬打母。天雷雨震死。身上題須聖堂三字。南川州獻白鵲。(聖字未詳。)

三年春正月。作長倉於南山新城。築富山城。二月。欽純、天存領兵攻取百濟居列城。斬首七百餘級。又攻居勿城、沙平城降之。又攻德安城。斬首一千七十級。夏四月。大唐以我國爲雞林大都督府。以王爲雞林州大都督。五月。震靈廟寺門。百濟故將福信及浮圖道琛。迎故王子扶餘豐立之。圍留鎭郎將劉仁願於熊津城。唐皇帝詔仁軌檢校帶方州刺史。統前都督王文度之衆與我兵。向百濟營。轉鬪陷陣。所向無前。信等釋仁願圍。退保任存城。既而福信殺道琛。幷其衆。招還叛亡。勢甚張。仁軌與仁願合。解甲休士。乃請益兵。詔遣右威衛將軍孫仁師。率兵四十萬。至德物島。就熊津府城。王領金庾信等二十八(一云三十)將軍與之合。攻豆陵(一作良)尹城、周留城等諸城。皆下之。扶餘豐脫身走。王子忠勝、忠志等率其衆降。獨遲受信據任存城不下。自冬十月二十一日攻之。不克。

至十一月四日。班師至舌后一作利停。論功行賞有差。大赦。製衣裳。給留鎭唐軍。

四年春正月。金庾信請老。不允。賜几杖。以阿飡軍官爲漢山州都督。下敎婦人亦服中朝衣裳。二月。命有司徙民於諸王陵園。各二十戶。角干金仁問、伊飡天存與唐勅使劉仁願、百濟扶餘隆。同盟于熊津。三月。百濟殘衆據泗沘山城叛。熊州都督發兵攻破之。地震。遣星川、丘日等二十八人於府城。學唐樂。秋七月。王命將軍仁問、品日、軍官、文穎等。率一善、漢山二州兵。與府城兵馬。攻高句麗突沙城。滅之。八月十四日。地震。壞民屋。南方尤甚。禁人擅以財貨田地施佛寺。

五年春二月。中侍文訓致仕。以伊飡眞福爲中侍。伊飡文王卒。以王子禮葬之。唐皇帝遣使來弔。兼進贈紫衣一襲、腰帶一條、彩綾羅一百匹、綃二百匹。王贈唐使者金帛尤厚。秋八月。王與勅使劉仁願、熊津都督扶餘隆。盟于熊津就利山。初百濟自扶餘璋與高句麗連和。屢侵伐封埸。我遣使入朝求救。相望于路。及蘇定方旣平百濟。軍廻。餘衆又叛。王與鎭守使劉仁願、劉仁軌等。經路數年。漸平之。高宗詔扶餘隆。歸撫餘衆。及令與我和好。至是刑白馬而盟。先祀神祇及川谷之神。而後歃血。其盟文曰。往者。百濟先王。迷於逆順。不敦鄰好。不睦親姻。結託高句麗。交通倭國。共爲殘暴。侵削新羅。剽邑屠城。略無寧歲。天子憫一物之失所。憐百姓之無辜。頻命行人。遣其和好。負嶮恃遠。侮慢天經。皇赫斯怒。龔行弔伐。旌旗所指。一戎大定。固可瀦宮汙宅。作誡來裔。塞源拔本。垂訓後昆。然懷柔伐叛。前王之令典。興亡繼絶。往哲之通規。事必師古。傳諸曩冊。故立前百濟大司稼正卿扶餘隆。爲熊津都督。守其祭祀。保其桑梓。依倚新羅。長爲與國。各除宿憾。結好和親。各承詔命。永爲藩服。仍遣使人右威衛將軍魯城縣公劉仁願。親臨勸誘。寔宣成旨。約之以婚姻。申之以盟誓。刑牲歃血。共敦終始。分災恤患。恩若弟兄。祗奉綸言。不敢失墜。旣盟之後。共保歲寒。若有背盟。二三其德。興兵動衆。侵犯邊陲。明神監之。百殃是降。子孫不育。社稷無守。禋祀磨滅。罔有遺餘。故作金書鐵券。藏之宗廟。子孫萬代。無敢違犯。神之聽之。是饗是福。劉仁軌之辭也。歃訖。埋牲幣於壇之壬地。藏其書於我之宗廟。於是仁軌領我使者及百濟、耽羅、倭人四國使。浮海西還。以會祠泰山。立王子政明爲太子。大赦。冬以一善、居列二州民。輸軍資於河西州。絹布舊以十尋爲一匹。改以長七步廣二尺爲一匹。

六年春二月。京都地震。夏四月。靈廟寺災。大赦。天存之子漢林、庾信之子三光。皆以奈麻入唐宿衛。王以旣平百濟。欲滅高句麗。請兵於唐。冬十二月。唐以李勣爲遼東道行軍大摠管。以司列少常伯安陸、郝處俊副之。以擊高句麗。高句麗貴臣淵淨土以城十二、戶七百六十三、口三千五百四十三來投。淨土及從官二十四人。給衣物糧料家舍。安置王都及州府。其八城完。並遣士卒鎭守。

七年秋七月。大酺三日。唐皇帝勅以智鏡、愷元爲將軍。赴遼東之役。王卽以智鏡爲波珍飡。愷元爲大阿飡。又皇帝勅以日原大阿飡爲雲麾將軍。王命於宮庭受命。遣大奈麻汁恒世入唐朝貢。高宗命劉仁願、金仁泰。從卑列道。又徵我兵。從多谷、海谷二道以會平壤。秋八月。王領大角干金庾信等三十將軍出京。九月。至漢城停以待英公。冬十月二日。英公到平壤城北二百里。差遣尒同兮村主大奈麻江深。率契丹騎兵八十餘人。歷阿珍含城至漢城。移書以督兵期。大王從之。十一月十一日。至獐塞。聞英公歸。王兵亦還。仍授江深位級飡。賜粟五百石。十二月。中侍文訓卒。唐留鎭將軍劉仁願傳宣天子勑命。助征高句麗。仍賜王大將軍旌節。

八年。春。阿麻來服。遣元器與淨土入唐。淨土留不歸。元器還。有勑此後禁獻女人。三月。拜波珍飡智鏡爲中侍。置比列忽州。仍命波珍飡龍文爲摠管。夏四月。彗星守天船。六月十二日。遼東道安撫副大使遼東行軍副大摠管兼熊津道安撫大使行軍摠管右相檢校太子左中護上柱國樂城縣開國男劉仁軌奉皇帝勑旨。與宿衛沙飡金三光到党項津。王使角干金仁問廷迎之以大禮。於是右相約束訖向泉岡。二十一日。以大角干金庾信爲大幢大摠管。角干金仁問、欽純、天存、文忠、迊飡眞福、波珍飡智鏡、大阿飡良圖、愷元、欽突爲大幢摠管。伊飡陳純、一作春竹旨爲京停摠管。伊飡品日、迊飡文訓大阿飡天品爲貴幢摠管。伊飡仁泰爲卑列道摠管。迊飡軍官、大阿飡都儒、阿飡龍長爲漢城州行軍摠管。迊飡崇信、大阿飡文穎、阿飡福世爲卑列城州行軍摠管。波珍飡宣光、阿飡長順、純長爲河西州行軍摠管。波珍飡宜福、阿飡天光爲誓幢摠管。阿飡日原、興元爲罽衿幢摠管。二十二日。府城劉仁願遣貴干未肹告高句麗大谷□漢城等二郡十二城歸服。王遣一吉飡眞功稱賀。仁問、天存、都儒等領一善州等七郡及漢城州兵馬。赴唐軍營。二十七日王發京赴唐兵。二十九日。諸道摠管發行。王以庾信病風留京。仁問等遇英公。進軍於嬰留山下。（嬰留山在今西京北二十里。）秋七月十六日。王行次漢城州。敎諸摠管往會大軍。文穎等遇高句麗兵蛇川之原。對戰大破之。九月二十一日。與大軍合圍平壤。高句麗王先遣泉男産等詣英公請降。於是英公以王寶臧、王子福男、德男、大臣等二十餘萬口廻唐。角干金仁問、大阿飡助州隨英公歸。仁泰、義福、藪世、天光、興元隨行。初大軍平高句麗。王發漢城指平壤。次肹次壤。聞唐諸將已歸。還至漢城。冬十月二十二日。賜庾信位太大角干。仁問大角干。已外伊飡將軍等並爲角干。蘇判已下並增位一級。大幢少監本得蛇川戰功第一。漢山州少監朴京漢、平壤城內殺軍主述脫功第一。黑嶽令宣極、平壤城大門戰功第一。並授位一吉飡。賜租一千石。誓幢幢主金遁山、平壤軍營戰功第一。授位沙飡。賜租七百石。軍師南漢山北渠、平壤城北門戰功第一。授位述干。賜粟一千石。軍師斧壤仇杞、平壤南橋戰功第一。授位述干。賜粟七百石。假軍師比列忽世活、平壤少城戰功第一。授位高干。賜粟五百石。漢山州少監金相京、蛇川戰死功第一。贈位一吉飡。賜租一千石。牙述沙飡求律、蛇川之戰。就橋下涉水、出與賊鬪大勝。以無軍令。自入危道。功雖第一而不錄。憤恨欲經死。旁人救之。不得死。二十五日。王還國。次褥突驛。國原仕臣龍長大阿飡私設筵。饗王及諸侍從。及樂作。奈麻緊周子能晏年十五歲。呈加耶之舞。王見容儀端麗。召前撫背。以金盞勸酒。賜幣帛頗厚。十一月五日。王以所虜高句麗人七千入京。六日。率文武臣寮。朝謁先祖廟。告曰。祇承先志。與大唐同擧義兵。問罪於百濟高句麗。元兇伏罪。國步泰靜。敢玆控告。神之聽之。十八日。賚死事者。少監已上十□□匹。從者二十匹。十二月。靈廟寺災。

九年春正月。以信惠法師爲政官大書省。唐僧法安來傳天子命。求磁石。二月二十一日。大王會羣臣下敎。往者。新羅隔於兩國。北伐西侵。暫無寧歲。戰士曝骨積於原野。身首分於庭界。先王愍百姓之殘害。忘千乘之貴重。越海入朝。請兵絳闕。本欲平定兩國、永無戰鬪、雪累代之深讎、全百姓之殘命。百濟雖平。高句麗未滅。寡人承克定之遺業。終已成之先志。今兩敵旣平。四隅靜泰。臨陣立功者。並已酬賞。戰死幽魂者。追以冥資。但囹圄之中。不被泣辜之恩。枷鏁之苦。未蒙更新之澤。言念此事。寢食未安。可赦國內。自總章二年二月二十一日昧爽已前。犯五逆罪死已下。今見囚禁者。罪無小大。悉皆放出。其前赦已後。犯罪奪爵者。並令依舊。盜賊人但放其身。更無財物可還者。不在徵限。其百姓貧寒取他穀米者。在不熟之地者。子母俱不須還。若在熟處者。至今年收熟。只還其本。其子不須還。□□三十日爲限。所司奉行。夏五月。泉井比□□□迊等三郡民饑。發倉賑恤。遣祇珍山級飡等。入唐獻磁石二箱。又遣欽純角干、良圖波珍飡入唐謝罪。冬。唐使到傳詔。與弩師仇珍川沙飡廻。命造木弩。放箭三十步。帝問曰。聞在爾國。造弩射一千步。今纔三十步何也。對曰。材不良也。若取材本國。則可以作之。天子降使求之。卽遣福漢大奈麻獻木。乃命改造。射至六十步。問其故。答曰。臣亦不能知其所以然。殆木過海、爲濕氣所侵者歟。天子疑其故不爲。劫之以重罪。而終不盡呈其能。領馬

陸九、一百七十四所。屬所內二十二。官十。賜庾信太大角干六。仁問太角干五。角干七
人各三。伊飡五人各二。蘇判四人各二。波珍飡六人、大阿飡十二人各一。以下七十四
所。隨宜賜之。
十年春正月。高宗許欽純還國。留囚良圖、終死于圓獄。以王擅取百濟土地遺民。皇帝
責怒。再留使者。三月。沙飡薛烏儒與高句麗太□□□延武。各率精兵一萬。度鴨淥江。
至屋骨□□□靺鞨兵先至皆敦壤待之。夏四月四日。對戰。我兵大克之。斬獲不可勝
計。唐兵繼至。我兵退保白城。六月。高句麗水臨城人牟岑大兄收合殘民。自窮牟城。至
浿江南。殺唐官人及僧法安等。向新羅行。至西海史冶島。見高句麗大臣淵淨土之子
安勝。迎致漢城中。奉以爲君。遣小兄多式等、哀告曰。興滅國、繼絕世。天下之公義也。惟
大國是望。我國先王以失道見滅。今臣等得國貴族安勝。奉以爲君。願作藩屏。永世盡
忠。王處之國西金馬渚。漢祇部女人一產三男一女。賜粟二百石。秋七月。王疑百濟殘
衆反覆。遣大阿飡儒敦於熊津都督府請和。不從。乃遣司馬禰軍窺覘。王知謀我。止禰
軍不送。擧兵討百濟。品日、文忠、衆臣、義官、天官等攻取城六十三。徙其人於內地。天存
竹旨等取城七。斬首二千。軍官、文穎取城十二。擊狄兵。斬首七千級。獲戰馬兵械甚多。
王還。以衆臣、義官、達官、興元等□□□寺營退却。罪當死。赦之免職。倉吉于□□□□
一。各授位級飡。賜租有差。遣沙飡須彌山。封安勝爲高句麗王。其冊曰。維咸亨元年歲
次庚午秋八月一日辛丑。新羅王致命高句麗嗣子安勝。公太祖中牟王。積德比山。立

功南海。威風振於青丘。仁教被於玄菟。子孫相繼。本支不絕。開地千里。年將八百。至於建産兄弟。禍起蕭墻。釁成骨肉。家國破亡。宗社湮滅。生人波蕩。無所託心。公避危難於山野。投單身於隣國。流離辛苦。迹同晉文。更興亡國。事等衞侯。夫百姓不可以無主。皇天必有以眷命。先王正嗣。唯公而已。主於祭祀。非公而誰。謹遣使一吉湌金須彌山等就。披策命公爲高句麗王。公宜撫集遺民。紹興舊緒。永爲鄰國。事同昆弟。敬哉敬哉。兼送粳米二千石、甲具馬一匹、綾五匹、絹細布各十匹、綿十五稱。王其領之。十二月。土星入月。京都地震。中侍智鏡退。倭國更號日本。自言近日所出。以爲名。漢城州摠管藪世取百濟□□□□□□國適彼事覺。遣大阿湌眞珠誅之。十二□□貴書所六□□偪事同異可

三國史記卷第六

三國史記卷第七

輸忠定難靖國贊化同德功臣開府儀同三司檢校太師守太保門下侍中判尚書吏禮部事集賢殿太學士監修國史上柱國致仕臣金富軾奉

宣撰

新羅本紀第七　文武王下

十一年春正月。拜伊飡禮元爲中侍。發兵侵百濟。戰於熊津南。幢主夫果死之。靺鞨兵來圍舌口城。不克將退。出兵擊之。斬殺三百餘人。聞唐兵欲來救百濟。遣大阿飡眞功阿飡□□□□兵守甕浦。白魚躍入□□□□□□□□□一寸。夏四月。震興輪寺南門。六月。遣將軍竹旨等領兵踐百濟加林城禾。遂與唐兵戰於石城。斬首五千三百級。獲百濟將軍二人、唐果毅六人。秋七月二十六日。大唐摠管薛仁貴使琳潤法師、寄書曰。行軍摠管薛仁貴致書新羅王。清風萬里。大海三千。天命有期。行遊此境。奉承機心稍、動。窮武邊城。去由也之片言。失侯生之一諾。兄爲逆首。弟作忠臣。遠分花萼之陰。空照桐思之月。興言彼此。良增歎詠。先王開府。謀猷一國。展轉百城。西畏百濟之侵。北警高麗之寇。地方千里。數處爭鋒。蠶女不及桑時。耘人失其疇序。年將耳順。楡景日侵。

不懼船海之危。遠涉陽侯之險。瀝心華境。頓顙天門。具陳孤弱。明論侵擾。情之所露。聽不勝悲。太宗文皇帝。氣雄天下。神王宇宙。若盤古之九變。同巨靈之一掌。扶傾救弱。日不暇給。哀納先君。矜收所請。輕車駿馬。美衣上藥。一日之內。頻遇殊私。亦既承恩。對揚軍事。契同魚水。明於金石。鳳鑰千重。鶴關萬戶。留連酒德。讌笑金除。參論兵馬。分期聲援。一朝大舉。水陸交鋒。于時塞草分花。榆星上莢。駐蹕之戰。文帝親行。弔人恤隱。義之深也。既而山海異形。日月廻薄。聖人下武。王亦承家。巖葛因依。聲塵共擧。洗兵刷馬。咸遵先志。數十年外。中國疲勞。帑藏時開。飛芻日給。以蒼島之地。起黃圖之兵。貴於有益。貪於無用。豈不知止。恐失先君之信也。今强寇已淸。讎人喪國。士馬玉帛。王亦有之。當應心膂。不移中外。相輔鎖鏑。而化虛室。爲情自然。貽厥孫謀。以燕翼子。良史之讚。豈不休哉。今王去安然之基。厭守常之策。遠乖天命。近棄父言。侮暴天時。侵欺鄰好。一隅之地。僻左之陬。率戶徵兵。連年擧斧。孀姬輓粟。稚子屯田。守無所支。進不能拒。以得裨喪。以存補亡。大小不侔。逆順乖叙。亦由持彈而往。暗於枯井之危。捕蟬而前。不知黃雀之難。此王之不知量也。先王在日。早蒙天睠。審懷險詖之心。假以披誠之禮。從己私欲。貪天至功。苟希前惠。圖爲後逆。此先君之不長者也。必其誓河若帶。義分如霜。違君之命不忠。背父之心非孝。一身二名。何以自寧。王之父子。一朝振立。此並天情遠及。威力相持。方州連郡。遂爲盤錯。從此遞蒙冊命。拜以稱臣。坐治經書。備詳詩禮。聞義不從。見善而輕。聽縱橫之說。煩耳目之神。忽高門之基。延鬼瞰之責。先君盛業。奉而異圖。內潰疑臣。外招强陣。豈爲智也。又高麗安勝。年尙幼冲。遺墟殘郭。生人減半。自懷去就之疑。匪堪襟帶之重。仁貴樓船。竟翼風帆。連旗巡於北岸。矜其舊日傷弓之羽。未忍加兵。恃爲外援。斯何謬也。皇帝德澤無涯。仁風遠洎。愛同日景。焰若春華。遠聞消息。悄然不信。爰命下臣。來觀由委。而王不能行人相問。牛酒犒師。遂便隱甲雀陂。藏兵江口。蛟行林薄。喘息萊丘。潛生自噬之鋒。而無相持之氣。大軍未出。游兵具行。望海浮江。魚驚鳥竄。以此形況。人事可求。沉迷猖惑。幸而知止。夫擧大事者。不貪小利。杖高節者。寄以英奇。必其鸞鳳不馴。豺狼有顧。高將軍之漢騎。李謹行之蕃兵。吳楚棹歌。幽幷惡少。四面雲合。方舟而下。依險築戍。闢地耕田。此王之膏肓也。王若勞者歌。事屈而頓申。具論所由。明陳彼此。仁貴夙陪大駕。親承委寄。錄狀聞奏。事必昭蘇。何苦忽忽。自相縈擾。嗚呼昔爲忠義。今乃逆臣。恨始吉而終凶。怨本同而末異。風高氣切。葉落年悲。憑山遠望。有傷懷抱。王以機晤淸明。風神爽秀。歸以流謙之義。存於順迪之心。血食依時。茅苴不易。占休納祐。王之策也。嚴鋒之間。行人來往。今遣王所部僧琳潤賫書。佇布一二。大王報書云。先王貞觀二十二年入朝。面奉太宗文皇帝恩勅。朕今伐高麗。非有他故。憐你新羅。攝乎兩國。每被侵陵。靡有寧歲。山川土地。我非所貪。玉帛子女。是我所有。我平定兩國。平壤已南。百濟土地。並乞你新羅。永爲安逸。垂以計會。賜以軍期。新羅百姓。具聞恩勅。人人畜力。家家待用。大事未終。文帝先崩。今帝踐祚。復繼前恩。頻蒙慈造。有踰往日。兄弟及兒。懷金拖紫。榮寵之極。夐古未有。粉身碎骨。望盡驅馳之用。肝腦塗原。仰報萬分之一。至顯慶五年。聖上感先志之未終。成曩日之遺緒。泛舟命將。大發船兵。先王年衰力弱。不堪行軍。追感前恩。勉強至於界首。遣某領兵。應接大軍。東西唱和。水陸俱進。船兵纔入江口。陸軍已破大賊。兩軍俱到王都。共平一國。平定已後。先王遂共蘇大摠管平章。留漢兵一萬。新羅亦遣弟仁泰。領兵七千。同鎭熊津。大軍廻後。賊臣福信。起於江西。取集餘燼。圍逼府城。先破外柵。摠奪軍資。復攻府城。幾將陷沒。又於府城側近四處。作城圍守。於此府城不得出入。某領兵往赴解圍。四面賊城。並皆打破。先救其危。復運粮食。遂使一萬漢兵免虎吻之危難。留鎭餓軍。無易子而相食。至六年。福信徒黨漸多。侵取江東之地。熊津漢兵一千。往打賊徒。被賊摧破。一人不歸。自敗已來。熊津請兵。日夕相繼。新羅多有疫病。不可徵發。兵馬。苦請難違。遂發兵衆。往圍周留城。賊知兵小。遂即來打。大損兵馬。失利而歸。南方諸城。一時摠叛。並屬福信。福信乘勝。復圍府城。因即熊津道斷。絕於鹽豉。即募健兒。偸道送鹽。救其乏困。至六月。先王薨。送葬纔訖。喪服未除。不能應赴。勅旨發兵北歸。含資道摠管劉德敏等至。奉勅遣新羅。供運平壤軍粮。此時熊津使人來。具陳府城孤危。劉摠管與某平章自云。若先送平壤軍粮。即恐熊津道斷。熊津若其道斷。留鎭漢兵即入賊手。劉摠管遂共某相隨。先打瓮山城。既拔瓮山。仍於熊津造城。開通熊津道路。至十二月。熊津粮盡。先運熊津。恐違勅旨。若送平壤。即恐熊津絕粮。所以差遣老弱。運送熊津。強健精兵。擬向平壤。熊津送粮。路上逢雪。人馬死盡。百不一歸。至龍朔二年正月。劉摠管共新羅兩河道摠管金庾信等。同送平壤軍粮。當時陰雨連月。風雪極寒。人馬凍死。所將兵粮。不能勝致。平壤大軍。又欲歸還。新羅兵馬。粮盡亦廻。兵士饑寒。手足凍瘃。路上死者。不可勝數。行至瓠濾河。高麗兵馬。尋後來趂。岸上列陣。新羅兵士。疲乏日久。恐賊遠趂。賊未渡河。先渡交刃。前鋒暫交。賊徒瓦解。遂收兵歸來。此兵到家。未經一月。熊津府城。頻索種子。前後所送。數萬餘斛。南運熊津。北供平壤。蕞小新羅。分供兩所。人力疲極。牛馬死盡。田作失時。年穀不熟。所貯倉粮。漕運、並盡。新羅百姓。草根猶自不足。熊津漢兵。粮食有餘。又留鎭漢兵。離家日久。衣裳破壞。身無全褐。新羅勸課百姓。送給時服。都護劉仁願。遠鎭孤城。四面皆賊。恒被百濟侵圍。常蒙新羅解救。一萬漢兵。四年衣食新羅。仁願已下。兵士已上。皮骨雖生漢地。血肉俱是新羅。國家恩澤。雖復無涯。新羅効忠。亦足矜憫。至龍朔三年。摠管孫仁師領兵來救府城。新羅兵馬。亦發同征。行至周留城下。此時倭國船兵。來助百濟。倭船千艘。停在白沙。百濟精騎岸上守船。新羅驍騎。爲漢前鋒。先破岸陣。周留失膽。遂卽降下。南方已定。廻軍北伐。任存一城。執迷不降。兩軍併力。共打一城。固守拒捍。不能打得。新羅卽欲廻還。杜大夫云。準勅。既平已後。共相盟會。任存一城。雖未降下。卽可共相盟誓。新羅以爲。準勅、既平已後、共相盟會。任存未降。不可以爲既平。又且百濟。姦詐百端。反覆不恒。今雖共相盟會。於後恐有噬臍之患。奏請停盟。至麟德元年。復降嚴勅。責不盟誓。卽遣人於熊嶺。築壇共相盟會。仍於盟處。遂爲兩界。盟會之事。雖非所願。不敢違勅。又於就利山築壇。對勅使劉仁願。歃血相盟。山河爲誓。畫界立封。永爲疆界。百姓居住。各營産業。

至乾封二年。聞大摠管英國公征遼。某往漢城州。遣兵集於界首。新羅兵馬。不可獨入。先遣細作三度。船相次發遣。覘候大軍。細作廻來。並云。大軍未到平壤。且打高麗七重城。開通道路。佇待大軍來至。其城垂垂欲破。英公使人江深來云。奉大摠管處分。新羅兵馬不須打城。早赴平壤。卽給兵粮。遣令赴會。行至水谷城。聞大軍已廻。新羅兵馬。遂卽抽來。至乾封三年。遣大監金寶嘉。入海取英公進止。奉處分。新羅兵馬。赴集平壤。至五月。劉右相來。發新羅兵馬。同赴平壤。某亦往漢城州。檢校兵馬。此時蕃漢諸軍。摠集蛇水。男建出兵。欲決一戰。新羅兵馬。獨爲前鋒。先破大陣。平壤城中。挫鋒縮氣。於後英公更取新羅驍騎五百人。先入城門。遂破平壤。克成大功。於此新羅兵士並云。自征伐已經九年。人力殫盡。終始平兩國。累代長望。今日乃成。必當國蒙盡忠之恩。人受効力之賞。英公漏云。新羅前失軍期。亦須計定。新羅兵士得聞此語。更增怕懼。又立功軍將。並錄入朝。已到京下。卽云。今新羅並無功。夫軍將歸來。百姓更加怕懼。又卑列之城。本是新羅。高麗打得三十餘年。新羅還得此城。移配百姓。置官守捉。又取此城。還與高麗。且新羅自平百濟。迄定高麗。盡忠効力。不負國家。未知何罪。一朝遺棄。雖有如此冤枉。終無反叛之心。至總章元年。百濟於盟會處。移封易標。侵取田地。該我奴婢。誘我百姓。隱藏內地。頻從索取。至竟不還。又通消息云。國家修理船艘。外託征伐倭國。其實欲打新羅。百姓聞之。驚懼不安。又將百濟婦女。嫁與新羅漢城都督朴都儒。同謀合計。偸取新羅兵器。襲打一州之地。賴得事覺。卽斬都儒。所謀不成。至咸亨元年六月。高麗謀叛。

摠殺漢官。新羅卽欲發兵。先報熊津云。高麗旣叛。不可不伐。彼此俱是帝臣。理須同討凶賊。發兵之事。須有平章。請遣官人來此。共相計會。百濟司馬禰軍來此。遂共平章云。發兵已後。卽恐彼此相疑。宜令兩處官人。互相交質。卽遣金儒敦及府城百濟主簿首彌長貴等。向府平論交質之事。百濟雖許交質。城中仍集兵馬。到彼城下。夜卽來打。至七月。入朝使金欽純等至。將畫界地。案圖披檢百濟舊地。摠令割還。黃河未帶。太山未礪。三四年間。一與一奪。新羅百姓。皆失本望。並云。新羅百濟累代深讎。今見百濟形況。別當自立一國。百年已後。子孫必見吞滅。新羅旣是國家之州。不可分爲兩國。願爲一家。長無後患。去年九月。具錄事狀。發使奏聞。被漂却來。更發遣使。亦不能達。於後風寒浪急。未及聞奏。百濟構架奏云。新羅反叛。新羅前失貴臣之志。後被百濟之譖。進退見咎。未申忠款。似是之讒。日經聖聽。不貳之忠。曾無一達。使人琳潤至辱書。仰承摠管犯冒風波。遠來海外。理須發使郊迎。致其牛酒。遠居異域。未獲致禮。時闕迎接。請不爲怪。披讀摠管來書。專以新羅已爲叛逆。旣非本心。惕然驚懼。數自功夫。恐被斯辱之譏。緘口受責。亦入不弔之數。今略陳寃枉。具錄無叛。國家不降一介之使。垂問元由。卽遣數萬之衆。傾覆巢穴。樓船滿於滄海。艫舳連於江口。數彼熊津。伐此新羅。嗚呼兩國未定平。蒙指蹤之驅馳。野獸今盡。反見烹宰之侵逼。賊殘百濟。反蒙雍齒之賞。殉漢新羅。已見丁公之誅。大陽之曜。雖不廻光。葵藿本心。猶懷向日。摠管稟英雄之秀氣。抱將相之高材。七德兼備。九流涉獵。恭行天罰。濫加非罪。天兵未出。先問元由。緣此來書。敢陳不叛。請摠官審自商量。具狀申奏。雞林州大都督左衛大將軍開府儀同三司上柱國新羅王金法敏白。置所夫里州。以阿飡眞王爲都督。九月。唐將軍高侃等率蕃兵四萬到平壤。深溝高壘。侵帶方。冬十月六日。擊唐漕船七十餘艘。捉郎將鉗耳大侯、士卒百餘人。其淪沒死者。不可勝數。級飡當千功第一。授位沙飡。

十二年春正月。王遣將攻百濟古省城克之。二月。攻百濟加林城不克。秋七月。唐將高保率兵一萬。李謹行率兵三萬。一時至平壤。作八營留屯。八月。攻韓始城、馬邑城克之。進。兵距白水城五百許步作營。我兵與高句麗兵逆戰。斬首數千級。高保等退。追至石門戰之。我兵敗績。大阿飡曉川、沙飡義文、山世、阿飡能申、豆善、一吉飡安那含、良臣等死之。築漢山州晝長城。周四千三百六十步。九月。彗星七出北方。王以向者百濟往訴於唐。請兵侵我。事勢急迫。不獲申奏。出兵討之。由是獲罪大朝。遂遣級飡原川、奈麻邊山、及所留兵船郎將鉗耳大侯、萊州司馬王藝、本烈州長史王益、熊州都督府司馬禰軍、曾山司馬法聰、軍士一百七十人。上表乞罪曰。臣某死罪謹言。昔臣危急。事若倒懸。遠蒙拯救。得免屠滅。粉身糜骨。未足上報鴻恩。碎首灰塵。何能仰酬慈造。然深讎百濟。逼近臣蕃。告引天兵。滅臣雪恥。臣忙破滅。自欲求存。枉被凶逆之名。遂入難赦之罪。臣恐事意未申。先從刑戮。生爲逆命之臣。死爲背恩之鬼。謹錄事狀。冒死奏聞。伏願少垂神聽。炤審元由。臣前代已來。朝貢不絕。近爲百濟。再虧職貢。遂使聖朝。出言命將。討臣之罪。死有餘刑。南山之竹。不足書臣之罪。褒斜之林。未足作臣之械。瀦池宗社。屠裂臣身。事聽勅裁。甘心受戮。臣櫬罍在側。泥首未乾。泣血待朝。伏聽刑命。伏惟皇帝陛下明同日月。容光並蒙曲炤。德合乾坤。動植咸被亭毒。好生之德。遠被昆蟲。惡殺之仁。爰流翔泳。儻降服捨之宥。賜全腰領之恩。雖死之年。猶生之日。非所希冀。敢陳所懷。不勝伏劒之志。謹遣原川等。拜表謝罪。伏聽勅旨。某頓首頓首。死罪死罪。兼進貢銀三萬三千五百分、銅三萬三千分、針四百枚、牛黃百二十分、金百二十分、四十升布六匹、三十升布六十匹。是歲。穀貴人饑。

十三年春正月。大星隕皇龍寺、在城中間。拜强首爲沙飡。歲賜租二百石。二月。增築西兄山城。夏六月。虎入大宮庭。殺之。秋七月一日。庾信卒。阿飡大吐謀叛付唐。事泄伏誅。妻孥充賤。八月。以波珍飡天光爲中侍。增築沙熱山城。九月。築國原城、古薍長城 北兄山城、召文城、耳山城、首若州走壤城、一名迭巖城 達含郡主岑城、居烈州萬興寺山城、歃良州骨爭峴城。王遣大阿飡徹川等。領兵船一百艘。鎭西海。唐兵與靺鞨、契丹兵來侵北邊。凡九戰。我兵克之。斬首二千餘級。唐兵溺瓠瀘、王逢二河。死者不可勝計。冬。唐兵攻高句麗牛岑城降之。契丹、靺鞨兵攻大楊城、童子城滅之。始置外司正。州二人。郡一人。初太宗王滅百濟。罷戍兵。至是復置。

十四年春正月。入唐宿衛大奈麻德福傳學曆術還。改用新曆法。王納高句麗叛衆。又據百濟故地。使人守之。唐高宗大怒。詔削王官爵。王弟右驍衛員外大將軍臨海郡公仁問在京師。立以爲新羅王。使歸國。以左庶子同中書門下三品劉仁軌爲雞林道大摠管。衛尉卿李弼、右領軍大將軍李謹行副之。發兵來討。二月。宮內穿池造山。種花草。養珍禽奇獸。秋七月。大風毀皇龍寺佛殿。八月。大閱於西兄山下。九月。命義安法師爲大書省。封安勝爲報德王。十年。封安勝高句麗王。今再封。不知報德之言、若歸命等耶、或地名耶。幸靈廟寺。前路閱兵。觀阿飡薛秀眞六陳兵法。

十五年春正月。以銅鑄百司及州郡印頒之。二月。劉仁軌破我兵於七重城。仁軌引兵還。詔以李謹行爲安東鎭撫大使。以經略之。王乃遣使入貢且謝罪。帝赦之。復王官爵。金仁問中路而還。改封臨海郡公。然多取百濟地。遂抵高句麗南境爲州郡。聞唐兵與契丹、靺鞨兵來侵。出九軍待之。秋九月。薛仁貴以宿衛學生風訓之父金眞珠伏誅於本國。引風訓爲鄕導。來攻泉城。我將軍文訓等逆戰勝之。斬首一千四百級。取兵船四十艘。仁貴解圍退走。得戰馬一千匹。二十九日。李謹行率兵二十萬。屯買肖城。我軍擊走之。得戰馬三萬三百八十匹。其餘兵仗稱是。遣使入唐貢方物。緣安北河設關城。又築鐵關城。靺鞨入阿達城劫掠。城主素那逆戰死之。唐兵與契丹、靺鞨兵來。圍七重城。不克。小守儒冬死之。靺鞨又圍赤木城滅之。縣令脫起率百姓拒之。力竭俱死。唐兵又圍石峴城拔之。縣令仙伯、悉毛等力戰死之。又我兵與唐兵大小十八戰皆勝之。斬首六千四十七級。得戰馬二百匹。

十六年春二月。高僧義相奉旨創浮石寺。秋七月。彗星出北河積水之間。長六七許步。唐兵來攻道臨城拔之。縣令居尸知死之。作壤宮。冬十一月。沙飡施得領船兵。與薛仁貴戰於所夫里州伎伐浦。敗績。又進大小二十二戰克之。斬首四千餘級。宰相陳純乞致仕。不允、賜几杖。

十七年春三月。觀射於講武殿南門。始置左司祿館。所夫里州獻白鷹。

十八年春正月。置船府令一員。掌船楫事。加左右理方府卿各一員。置北原小京。以大阿飡吳起守之。三月。拜大阿飡春長爲中侍。夏四月。阿飡天訓爲武珍州都督。五月。北原獻異鳥。羽翮有文。脛有毛。

十九年春正月。中侍春長病免。舒弗邯天存爲中侍。二月。發使略耽羅國。重修宮闕。頗極壯麗。夏四月。熒惑守羽林。六月。太白入月。流星犯參大星。秋八月。太白入月。角干天存卒。創造東宮。始定內外諸門額號。四天王寺成。增築南山城。

二十年春二月。拜伊飡金軍官爲上大等。三月。以金銀器及雜綵百段。賜報德王安勝。遂以王妹妻之。(一云迊飡金義官之女也。)下敎書曰。人倫之本。夫婦爲先。王化之基。繼嗣爲主。王鵲巢位曠。雞鳴在心。不可久空內輔之儀、永闕起家之業。今良辰吉日。率順舊章。以寡人妹女爲伉儷。王宜共敦心義。式奉宗祧。克茂子孫。永豐盤石。豈不盛歟。豈不美歟。夏五月。高句麗王使大將軍延武等上表曰。臣安勝言。大阿飡金官長至。奉宣敎旨。幷賜敎書。以外生公。爲下邑內主。仍以四月十五日至此。喜懼交懷。罔知攸寘。竊以。帝女降嬀。王姬適齊。本揚聖德。匪關凡才。臣本庸流。行能無算。幸逢昌運。沐浴聖化。每荷殊澤。欲報無堦。重蒙天寵。降此姻親。遂卽穠華表慶。肅雝成德。吉月令辰。言歸弊館。億載難遇。

一朝發中。事非望始。喜出意表。豈惟一二父兄。實受其賜。其自先祖已下。寔寵喜之。臣未蒙敎旨。不敢直朝。無任悅豫之至。謹遣臣大將軍太大兄延武奉表以聞。加耶郡置金官小京。

二十一年春正月朔。終日黑暗如夜。沙飡武仙率精兵三千。以戍比列忽。置右司祿館。夏五月。地震。流星犯參大星。六月。天狗落坤方。王欲新京城。問浮屠義相。對曰。雖在草野茅屋。行正道則福業長。苟爲不然。雖勞人作城。亦無所益。王乃止役。秋七月一日。王薨。謚曰文武。羣臣以遺言葬東海口大石上。俗傳王化爲龍。仍指其石爲大王石。遺詔曰。寡人運屬紛紜。時當爭戰。西征北討。克定疆封。伐叛招携。聿寧遐邇。上慰宗祧之遺顧。下報父子之宿寃。追賞遍於存亡。疏爵均於內外。鑄兵戈爲農器。驅黎元於仁壽。薄賦省徭。家給人足。民間安堵。域內無虞。倉廩積於丘山。囹圄成於茂草。可謂無愧於幽顯。無負於士人。自犯冒風霜。遂成痼疾。憂勞政敎。更結沉痾。運往名存。古今一揆。奄歸大夜。何有恨焉。太子早蘊離輝。久居震位。上從群宰。下至庶寮。送往之義勿違。事居之禮莫闕。宗廟之主。不可暫空。太子卽於柩前。嗣立王位。且山谷遷貿。人代推移。吳王北山之墳。詎見金鳧之彩。魏主西陵之望。唯聞銅雀之名。昔日萬機之英。終成一封之土。樵牧歌其上。狐兎穴其旁。徒費資財。貽譏簡牘。空勞人力。莫濟幽魂。靜而思之。傷痛無已。如此之類。非所樂焉。屬纊之後十日。便於庫門外庭。依西國之式。以火燒葬。服輕重自有常科。喪制度務從儉約。其邊城鎭遏及州縣課稅。於事非要者。並宜量廢。律令格式有不便者。即便改張。布告遠近。令知此意。主者施行。

三國史記卷第七

三國史記卷第八

輸忠定難靖國贊化同德功臣開府儀同三司檢校太師守太保門下侍中判尚書吏禮部事集賢殿大學士監修國史上柱國致仕臣金富軾奉宣撰

新羅本紀第八

神文王　孝昭王
聖德王

神文王立。諱政明。明之、字日怊 文武大王長子也。母慈儀 一作義 王后。妃金氏。蘇判欽突之女。王爲太子時納之。久而無子。後坐父作亂出宮。文武王五年立爲太子。至是繼位。唐高宗遣使冊立爲新羅王。仍襲先王官爵。

元年八月。拜舒弗邯眞福爲上大等。八日。蘇判金欽突、波珍飡興元、大阿飡眞功等謀叛伏誅。十三日。報德王遣使小兄首德皆。賀平逆賊。十六日。下敎曰。賞有功者。往聖之良規。誅有罪者。先王之令典。寡人以眇躬凉德。嗣守崇基。廢食忘餐。晨興晏寢。庶與股肱。共寧邦家。豈圖縗絰之內。亂起京城。賊首欽突、興元、眞功等。位非才進。職實恩升。不能克愼始終。保全富貴。而乃不仁不義。作福作威。侮慢官寮。欺凌上下。比日逞其無厭之志。肆其暴虐之心。招納凶邪。交結近竪。禍通內外。同惡相資。剋日定期。欲行亂逆。寡人上賴天地之祐。下蒙宗廟之靈。欽突等惡積罪盈。所謀發露。此乃人神之所共棄。覆載之所不容。犯義傷風。莫斯爲甚。是以追集兵衆。欲除梟獍。或逃竄山谷。或歸降闕庭然尋枝究葉。並已誅夷。三四日間。囚首蕩盡。事不獲已。驚動士人。憂愧之懷。豈忘旦夕今既妖徒廓清。遐邇無虞。所集兵馬。宜速放歸。布告四方。令知此意。二十八日。誅伊飡軍官。教書曰。事上之規。盡忠爲本。居官之義。不二爲宗。兵部令伊飡軍官。因緣班序。遂升上位。不能拾遺補闕。效素節於朝廷。授命忘軀。表丹誠於社稷。乃與賊臣欽突等交涉。知其逆事。曾不告言。既無憂國之心。更絶徇公之志。何以重居宰輔。濫濁憲章。宜與衆棄。以懲後進。軍官及嫡子一人。可令自盡。布告遠近。使共和之。冬十月。罷侍衛監。置將軍六人。

二年春正月。親祀神宮。大赦。夏四月。置位和府令二人。掌選擧之事。五月。太白犯月。六月。立國學。置卿一人。又置工匠府監一人。彩典監一人。

三年春二月。以順知爲中侍。納一吉飡金欽運少女爲夫人。先差伊飡文穎、波珍飡三光定期。以大阿飡智常納采。幣帛十五轝。米酒油蜜醬豉脯醯一百三十五轝。租一百五十車。夏四月。平地雪一尺。五月七日。遣伊飡文穎、愷元抵其宅。冊爲夫人。其日卯時。遣波珍飡大常、孫文、阿飡坐耶、吉叔等。各與妻娘、及梁、沙梁二部嫗各三十人迎來。夫人乘車。左右侍從官人及娘嫗甚盛。至王宮北門。下車入內。冬十月。徵報德王安勝爲蘇判。賜姓金氏。留京都。賜甲第良田。彗星出五車。

四年冬十月。自昏及曙。流星縱橫。十一月。安勝族子將軍大文在金馬渚謀叛。事發伏誅。餘人見大文誅死。殺害官吏。據邑叛。王命將士討之。逆鬪。幢主逼實死之。陷其城。徙其人於國南州郡。以其地爲金馬郡。大文或云悉伏。

五年春。復置完山州。以龍元爲摠管。挺居列州。以置菁州。始備九州。以大阿飡福世爲摠管。三月。置西原小京。以阿飡元泰爲仕臣。置南原小京。徙諸州郡民戶分居之。奉聖寺成。夏四月。望德寺成。

六年春正月。以伊飡大莊一作將爲中侍。置例作府卿二人。二月。置石山、馬山、孤山、沙平四縣。以泗沘州爲郡。熊川郡爲州。發羅州爲郡。武珍郡爲州。遣使入唐。奏請禮記幷文章。則天令所司、寫吉凶要禮、幷於文館詞林、採其詞涉規誡者。勒成五十卷。賜之。

七年春二月。元子生。是日陰沉昧暗。大雷電。三月。罷一善州。復置沙伐州。以波珍飡官長爲摠管。夏四月。改音聲署長爲卿。遣大臣於祖廟。致祭曰。王某稽首再拜。謹言太祖大王、眞智大王、文興大王、太宗大王、文武大王之靈。某以虛薄。嗣守崇基。寤寐憂勤。未遑寧處。奉賴宗廟護持。乾坤降祿。四邊安靜。百姓雍和。異域來賓。航琛奉職。刑清訟息。以至于今。比者。道喪君臨。義乖天鑒。怪成星象。火宿沉輝。戰戰慄慄。若墜淵谷。謹遣使某官某。奉陳不腆之物。以虔如在之靈。伏望炤察微誠。矜恤眇末。以順四時之候。無愆五事之徵。禾稼豐而疫癘消。衣食足而禮義備。表裏清謐。盜賊消亡。垂裕後昆。永膺多福。謹言。五月。敎賜文武官僚田有差。秋。築沙伐、歃良二州城。

八年春正月。中侍大莊卒。伊飡元師爲中侍。二月。加船府卿一人。

九年春正月。下敎罷內外官祿邑。逐年賜租有差。以爲恒式。秋閏九月二十六日。幸獐山城。築西原京城。王欲移都達句伐。未果。

十年春二月。中侍元師病免。阿飡仙元爲中侍。冬十月。置轉也山郡。

十一年春三月一日。封王子理洪爲太子。十三日。大赦。沙火州獻白雀。築南原城。

十二年春。竹祐。唐中宗遣使口勅曰。我太宗文皇帝。神功聖德。超出千古。故上僊之日廟號太宗。汝國先王金春秋。與之同號。尤爲僭越。須急改稱。王與羣臣同議。對曰。小國先王春秋謚號。偶與聖祖廟號相犯。勅令改之。臣敢不惟命是從。然念先王春秋。頗有賢德。況生前得良臣金庾信。同心爲政。一統三韓。其爲功業。不爲不多。捐館之際。一國臣民不勝哀慕。追尊之號。不覺與聖祖相犯。今聞敎勅。不勝恐懼。伏望使臣復命闕廷。以此上聞。後更無別勅。秋七月。王薨。謚曰神文。葬狼山東。

孝昭王立。諱理洪。一作恭。神文王太子。母姓金氏。神穆王后。一吉飡金欽運一云雲女也。唐則天遣使弔祭。仍冊王爲新羅王輔國大將軍行左豹韜尉大將軍雞林州都督。改左右理方府。爲左右議方府。理犯諱故也。

元年八月。以大阿飡元宣爲中侍。高僧道證自唐廻。上天文圖。

三年春正月。親祀神宮。大赦。以文頴爲上大等。金仁問在唐卒。年六十六。冬。築松嶽、牛岑二城。

四年。以立子月爲正。拜愷元爲上大等。冬十月。京都地震。中侍元宣退老。置西南二市。

五年春正月。伊飡幢元爲中侍。夏四月。國西旱。

六年秋七月。完山州進嘉禾。異畝同穎。九月。宴羣臣於臨海殿。

七年春正月。以伊飡體元爲牛頭州摠管。二月。京都地動。大風折木。中侍幢元退老。大阿飡順元爲中侍。三月。日本國使至。王引見於崇禮殿。秋七月。京都大水。

八年春二月。白氣竟天。星孛于東。遣使朝唐貢方物。秋七月。東海水血色。五日復舊。九月。東海水戰。聲聞王都。兵庫中鼓角自鳴。新村人美肹得黃金一枚。重百分。獻之。授位南邊第一。賜租一百石。

九年。復以立寅月爲正。夏五月。伊飡慶永（永一作玄）謀叛伏誅。中侍順元緣坐罷免。六月。歲星入月。

十年春二月。彗星入月。夏五月。靈巖郡太守一吉飡諸逸背公營私。刑一百杖入島。

十一年秋七月。王薨。諡曰孝昭。葬于望德寺東。（觀唐書云長安二年理洪卒。諸古記云壬寅七月二十七日卒。而通鑑云大足三年卒。則通鑑誤。）

聖德王立。諱興光。本名隆基。與玄宗諱同。先天中改焉。（唐書言金志誠）神文王第二子。孝昭同母弟也。孝昭王薨無子。國人立之。唐則天聞孝昭薨。爲之擧哀。輟朝二日。遣使弔慰。冊王爲新羅王。仍襲兄將軍都督之號。

元年九月。大赦。增文武官爵一級。復諸州郡一年租稅。以阿飡元訓爲中侍。冬十月。歃良州橡實變爲栗。

二年春正月。親祀神宮。遣使入唐貢方物。秋七月。靈廟寺災。京都大水。溺死者衆。中侍元訓退。阿飡元文爲中侍。日本國使至。摠二百四人。遣阿飡金思讓朝唐。

三年春正月。熊川州進金芝。三月。入唐金思讓廻。獻最勝王經。夏五月。納乘府令蘇判金元泰之女爲妃。

四年春正月。中侍元文卒。以阿飡信貞爲中侍。三月。遣使入唐朝貢。夏五月。旱。秋八月。賜老人酒食。九月。下敎禁殺生。遣使如唐獻方物。冬十月。國東州郡饑。人多流亡。發使賑恤。

五年春正月。伊飡仁品爲上大等。國內饑。發倉廩賑之。三月。衆星西流。夏四月。遣使入唐貢方物。秋八月。中侍信貞病免。以大阿飡文良爲中侍。遣使入唐貢方物。穀不登。冬十月。遣使入唐貢方物。十二月。大赦。

六年春正月。民多饑死。給粟人一日三升、至七月。二月。大赦。賜百姓五穀種子有差。冬十二月。遣使入唐貢方物。

七年春正月。沙伐州進瑞芝。二月。地震。夏四月。鎭星犯月。大赦。

八年春三月。菁州獻白鷹。夏五月。旱。六月。遣使入唐貢方物。秋八月。赦罪人。

九年春正月。天狗隕三郎寺北。遣使入唐貢方物。地震。赦罪人。

十年春三月。大雪。夏五月。禁屠殺。冬十月。巡狩國南州郡。中侍文良卒。十一月。王製百官箴、示羣臣。十二月。遣使入唐貢方物。

十一年春二月。遣使入唐朝貢。三月。以伊飡魏文爲中侍。大唐遣使盧元敏勅改王名。夏四月。駕幸溫水。秋八月。封金庾信妻爲夫人。歲賜穀一千石。

十二年春二月。置典祀署。遣使入唐朝貢。玄宗御樓門以見之。冬十月。入唐使金貞宗廻。降詔書。封王爲驃騎將軍特進行左威衛大將軍使持節大都督雞林州諸軍事雞林州刺史上柱國樂浪郡公新羅王。冬十月。中侍魏文請老。從之。十二月。大赦。築開城。

十三年春正月。伊飡孝貞爲中侍。二月。改詳文司爲通文博士。以掌書表事。遣王子金守忠入唐宿衛。玄宗賜宅及帛。以寵之。賜宴于朝堂。閏二月。遣級飡朴祐入唐賀正。賜朝散大夫員外奉御還之。夏。旱。人多疾疫。秋。歃良州山橡實化爲栗。冬十月。唐玄宗宴我使者于內殿。勅宰臣及四品已上諸官預焉。

十四年春三月。遣金楓厚入唐朝貢。夏四月。菁州進白雀。五月。赦。六月。大旱。王召河西州龍鳴嶽居士理曉。祈雨於林泉寺池上。則雨浹旬。秋九月。太白掩庶子星。冬十月。流星犯紫微。十二月。流星自天倉入大微。赦罪人。封王子重慶爲太子。

十五年春正月。流星犯月。月無光。三月。遣使入唐獻方物。出成貞（一云嚴貞）王后。賜彩五百匹、田二百結、租一萬石、宅一區。宅買康申公舊居賜之。大風拔木飛瓦。崇禮殿毁。入唐賀正使金楓厚欲歸國。授員外郞還之。夏六月。旱。又召居士理曉祈禱。則雨。赦罪人。

十六年春二月。置醫博士算博士各一員。三月。創新宮。夏四月。地震。六月。太子重慶卒。諡曰孝殤。秋九月。入唐大監守忠廻。獻文宣王十哲七十二弟子圖。卽置於大學。

十七年春正月。中侍孝貞退。波珍飡思恭爲中侍。二月。王巡撫國西州郡。親問高年及鰥寡孤獨。賜物有差。三月。地震。夏六月。震皇龍寺塔。始造漏刻。遣使入唐朝貢。授守中郎將還之。冬十月。流星自昴入于奎。衆小星隨之。天狗隕艮方。築漢山州都督管內諸城。

十八年春正月。遣使入唐賀正。秋九月。震金馬郡彌勒寺。

十九年春正月。地震。上大等仁品卒。大阿飡裴賦爲上大等。三月。納伊飡順元之女爲王妃。夏四月。大雨。山崩十三所。雨雹傷禾苗。五月。命有司埋骸骨。完山州進白鵲。六月。冊王妃爲王后。秋七月。熊川州獻白鵲。蝗蟲害穀。中侍思恭退。波珍飡文林爲中侍。

二十年秋七月。徵何瑟羅道丁夫二千。築長城於北境。冬無雪。

二十一年春正月。中侍文林卒。伊飡宣宗爲中侍。二月。京都地震。秋八月。始給百姓丁田。冬十月。遣大奈麻金仁壹入唐賀正。并獻方物。築毛伐郡城。以遮日本賊路。

二十二年春三月。王遣使入唐。獻美女二人。一名抱貞。父天承奈麻。一名貞菀。父忠訓大舍。給以衣着器具奴婢車馬。備禮資遣之。玄宗曰。女皆王姑姊妹。違本屬別本國。朕不忍留。厚賜還之。貞菀碑云。孝成六年、天寶元年歸唐。未知孰是。夏四月。遣使入唐。獻果下馬一匹、牛黃、人蔘、美髢、朝霞紬、魚牙紬、鏤鷹鈴、海豹皮、金銀等。上表曰。臣鄉居海曲。地處遐陬。元無泉客之珍。本乏賨人之貨。敢將方產之物。塵瀆天官。駑蹇之才。滓穢龍廄。竊方燕豕。敢類楚雞。深覺靦顏。彌增戰汗。地震。

二十三年春。立王子承慶爲太子。大赦。熊川州進瑞芝。二月。遣金武勳入唐賀正。武勳還。玄宗降書曰。卿每承正朔。朝貢闕庭。言念所懷。深可嘉尙。又得所進雜物等。並踰越滄波。跋涉草莽。物旣精麗。深表卿心。今賜卿錦袍金帶及綵素共二千匹。以答誠獻。至宜領也。冬十二月。遣使入唐獻方物。炤德王妃卒。

二十四年春正月。白虹見。三月。雪。夏四月。雹。中侍宣宗退。伊飡允忠爲中侍。冬十月。地動。

二十五年夏四月。遣金忠臣入唐賀正。五月。遣王弟金欽質入唐朝貢。授郞將還之。

二十六年春正月。赦罪人。遣使入唐賀正。夏四月。以一吉飡魏元爲大阿飡。級飡大讓爲沙飡。冬十二月。修永昌宮。上大等裴賦請老。不許。賜几杖。

二十七年秋七月。遣王弟金嗣宗入唐獻方物。兼表請子弟入國學。詔許之。授嗣宗果毅。仍留宿衛。上大等裴賦請老。從之。以伊飡思恭爲上大等。

二十八年春正月。遣使入唐賀正。秋九月。遣使入唐朝貢。

二十九年春二月。遣王族志滿朝唐。獻小馬五匹、狗一頭、金二千兩、頭髮八十兩、海豹皮十張。玄宗授志滿大僕卿。賜絹一百匹、紫袍、錦細帶。仍留宿衛。冬十月。遣使朝唐貢獻方物。玄宗賜物有差。

三十年春二月。遣金志良入唐賀正。玄宗授大僕少卿員外置。賜帛六十匹放還。降詔書曰。所進牛黃及金銀等物。省表具之。卿二明慶祚。三韓善隣。時稱仁義之鄉。世著勳賢之業。文章禮樂。闡君子之風。納款輸忠。效勤王之節。固藩維之鎭衛。諒忠義之儀表。豈殊方憬俗可同年而語耶。加以慕義克勤。述職愈謹。梯山航海。無倦於阻脩。獻幣貢琛。有常於歲序。守我王度。垂諸國章。乃眷懇誠。深可嘉尙。朕每晨興佇念。宵衣待賢。想見其人。以光啓沃。俟卿覲止。允副所懷。今使至。知嬰疾苦。不遂祗命。言念遐闊。用增憂勞。時候暄和。想痊復也。今賜卿綾綵五百匹。帛二千五百匹。宜卽領取。夏四月。赦。賜老人酒食。日本國兵船三百艘。越海襲我東邊。王命將出兵。大破之。秋九月。命百官會的門。觀射車弩。

三十一年冬十二月。以角干思恭、伊飡貞宗、允忠、思仁各爲將軍。

三十二年秋七月。唐玄宗以渤海靺鞨越海入寇登州。遣大僕員外卿金思蘭歸國。仍加授王爲開府儀同三司寧海軍使。發兵擊靺鞨南鄙。會大雪丈餘。山路阻隘。士卒死者過半。無功而還。金思蘭本王族。先因入朝。恭而有禮。因留宿衛。及是委以出疆之任。冬十二月。遣王姪志廉。朝唐謝恩。初帝賜王白鸚鵡雄雌各一隻及紫羅繡袍、金銀鈿器物、瑞紋錦、五色羅綵、共三百餘段。王上表謝曰。伏惟陛下執象開元。聖文神武。應千齡之昌運。致萬物之嘉祥。風雲所通。咸承至德。日月所炤。共被深仁。臣地隔蓬壺。天慈洽遠。鄕睽華夏。睿澤覃幽。伏視瓊文。跪披玉匣。含九霄之雨露。帶五彩之鵷鸞。辯惠靈禽。素蒼兩妙。或稱長安之樂。或傳聖主之恩。羅錦彩章。金銀寶鈿。見之者爛目。聞之者驚心。原其獻款之功。實由先祖。錫此非常之寵。延及末孫。微效似塵。重恩如嶽。循涯揣分。何以上酬。詔饗志廉內殿。賜以束帛。

三十三年春正月。敎百官。親入北門奏對。入唐宿衛左領軍衛員外將軍金忠信上表曰。臣所奉進止。令臣執節。本國發兵馬討除靺鞨。有事續奏者。臣自奉聖旨。誓將致命。當此之時。爲替人金孝方身亡。便留臣宿衛。臣本國王以臣久侍天庭。遣使從姪志廉代臣。今已到訖。臣卽合還。每思前所奉進止。無忘夙夜。陛下先有制。加本國王興光寧海軍大使。錫之旌節。以討凶殘。皇威載臨。雖遠猶近。君則有命。臣敢不祇。蠢爾夷俘。計已悔禍。然除惡務本。布憲惟新。故出師義貴乎三捷。縱敵患貽於數代。伏望陛下因臣還國。以副使假臣。盡將天旨。再宣殊裔。豈惟斯怒益振。固亦武夫作氣。必傾其巢穴。靜此荒隅。遂夷臣之小誠。爲國家之大利。臣等復乘桴滄海。獻捷丹闈。効毛髮之功。答雨露之施。臣所望也。伏惟陛下圖之。帝許焉。夏四月。遣大臣金端竭丹入唐賀正。帝宴見於內殿。授衛尉少卿。賜緋襴袍。平漫銀帶及絹六十匹。先時遣王姪志廉謝恩。獻小馬兩匹、狗三頭、金五百兩、銀二十兩、布六十匹、牛黃二十兩、人蔘二百斤、頭髮一百兩、海豹皮一十六張。及是授志廉鴻臚少卿員外置。

三十四年春正月。熒惑犯月。遣金義忠入唐賀正。二月。副使金榮在唐身死。贈光祿少卿。義忠廻。勅賜浿江以南地。

三十五年夏六月。遣使入唐賀正。仍附表陳謝曰。伏奉恩勅。賜浿江以南地境。臣生居海裔。沐化聖朝。雖丹素爲心。而功無可効。以忠貞爲事。而勞不足賞。陛下降雨露之恩。

發日月之詔。錫臣土境。廣臣邑居。遂使墾闢有期。農桑得所。臣奉絲綸之旨。荷榮寵之深。粉骨糜身。無由上答。冬十一月。遣從弟大阿飡金相朝唐。死于路。帝深悼之。贈衛尉卿。遣伊飡允忠、思仁、英述。檢察平壤、牛頭二州地勢。狗登在城鼓樓。吠三日。

三十六年春二月。遣沙飡金抱質入唐賀正旦獻方物。王薨。謚曰聖德。葬移車寺南。

三國史記卷第八

三國史記卷第九

輸忠定難靖國贊化同德功臣開府儀同三司檢校太師守太保門下侍中判尚書吏禮部事集賢殿太學士監修國史上柱國致仕臣金富軾奉
宣撰

新羅本紀第九

孝成王 景德王
惠恭王 宣德王

孝成王、立。諱承慶。聖德王第二子。母炤德王后。大赦。三月。改司正丞及左右議方府丞並爲佐。以伊飡貞宗爲上大等。阿飡義忠爲中侍。夏五月。地震。秋九月。流星入大微。冬十月。入唐沙飡抱質廻。十二月。遣使入唐獻方物。

二年春二月。唐玄宗聞聖德王薨。悼惜久之。遣左贊善大夫邢璹。以鴻臚少卿往弔祭。贈太子太保。且冊嗣王爲開府儀同三司新羅王。璹將發。帝製詩序。太子已下百寮咸賦詩以送。帝謂璹曰。新羅號爲君子之國。頗知書記。有類中國。以卿惇儒故持節往。宜演經義、使知大國儒敎之盛。又以國人善碁。詔率府兵曹叅軍楊季膺爲副。國高弈皆出其下。於是王厚贈璹等金寶藥物。唐遣使詔冊王妃朴氏。三月。遣金元玄入唐賀正。夏四月。唐使臣邢璹以老子道德經等文書獻于王。白虹貫日。所夫里郡河水變血。

三年春正月。拜祖考廟。中侍義忠卒。以伊飡信忠爲中侍。善天宮成。賜邢璹黃金三十兩、布五十匹、人蔘一百斤。二月。拜王弟憲英爲波珍飡。三月。納伊飡順元女惠明爲妃。夏五月。封波珍飡憲英爲太子。秋九月。完山州獻白鵲。狐鳴月城宮中。狗咬殺之。

四年春三月。唐遣使、冊夫人金氏爲王妃。夏五月。鎭星犯軒轅大星。秋七月。有一緋衣女人。自隸橋下出。謗朝政。過孝信公門忽不見。八月。波珍飡永宗謀叛伏誅。先是永宗女入後宮。王絕愛之。恩渥日甚。王妃嫉妬。與族人謀殺之。永宗怨王妃宗黨。因此叛。

五年夏四月。命大臣貞宗、思仁閱弩兵。

六年春二月。東北地震。有聲如雷。夏五月。流星犯參大星。王薨。諡曰孝成。以遺命燒柩於法流寺南。散骨東海。

景德王立。諱憲英。孝成王同母弟。孝成無子。立憲英爲太子。故得嗣位。妃伊飡順貞之女也。

元年冬十月。日本國使至。不納。

二年春三月。主力公宅。牛一產三犢。唐玄宗遣贊善大夫魏曜來弔祭。仍冊立王爲新羅王。襲先王官爵。制曰。故開府儀同三司使持節大都督雞林州諸軍事兼持節寧海軍使新羅王金承慶弟憲英。奕葉懷仁。率心常禮。大賢風教。條理尤明。中夏軌儀。衣冠素襲。馳海琛而遣使。準雲呂而通朝。代爲純臣。累效忠節。頃者兄承土宇。沒而絕嗣。弟膺繼及。抑惟常經。是用賓懷。優以冊命。宜用舊業。俾承藩長之名。仍加殊禮。載錫漢官之號。可襲兄新羅王開府儀同三司使持節大都督雞林州諸軍事兼充持節寧海軍使。幷賜御注孝經一部。夏四月。納舒弗邯金義忠女爲王妃。秋八月。地震。冬十二月。遣王弟入唐賀正。授左淸道率府員外長史。賜緋袍銀帶。放還。

三年春正月。以伊飡惟正爲中侍。閏二月。遣使入唐賀正。幷獻方物。夏四月。親祀神宮。遣使入唐獻馬。冬。妖星出中天。大如五斗器。浹旬乃滅。

四年春正月。拜伊飡金思仁爲上大等。夏四月。京都雹。大如雞子。五月。旱。中侍惟正退。伊飡大正爲中侍。秋七月。葺東宮。又置司正府、少年監典、穢宮典。

五年春二月。遣使入唐賀正。幷獻方物。夏四月。大赦。賜大酺。度僧一百五十人。

六年春正月。改中侍爲侍中。置國學諸業博士、助敎。遣使入唐賀正、幷獻方物。三月。震眞平王陵。秋。旱。冬。無雪。民饑且疫。出使十道安撫。

七年春正月。天狗落地。秋八月。太后移居永明新宮。始置貞察一員。糾正百官。遣阿飡貞節等檢察北邊。始置大谷城等十四郡縣。

八年春三月。暴風拔木。三月。置天文博士一員、漏刻博士六員。

九年春正月。侍中大正免。伊飡朝良爲侍中。二月。置御龍省奉御二員。

十一年春三月。以級飡原神、龍方爲大阿飡。秋八月。置東宮衙官。冬十月。加置倉部史三人。

十二年秋八月。日本國使至。慢而無禮。王不見之。乃廻。武珍州獻白雉。

十三年夏四月。京都雹。大如雞卵。五月。立聖德王碑。牛頭州獻瑞芝。秋七月。王命官修葺永興、元延二寺。八月。旱、蝗。侍中朝良退。

十四年春。穀貴民饑。熊川州向德貧無以爲養。割股肉。飼其父。王聞賜賚頗厚。仍使旌表門閭。望德寺塔動。（唐令狐澄新羅國記曰。其國爲唐立此寺。故以爲名。兩塔相對高十三層。忽震動開合。如欲傾倒者數日。其年祿山亂。疑其應也。）夏四月。遣使入唐賀正。秋七月。赦罪人。存問老疾鰥寡孤獨。賜穀有差。以伊飡金耆爲侍中。

十五年春二月。上大等金思仁以比年災異屢見。上疏極論時政得失。王嘉納之。王聞玄宗在蜀。遣使入唐、泝江至成都。朝貢。玄宗御製御書五言十韻詩。賜王曰。嘉新羅王歲修朝貢。克踐禮樂名義。賜詩一首。四維分景緯。萬象含中樞。玉帛遍天下。梯航歸上都。緬懷阻青陸。歲月勤黃圖。漫漫窮地際。蒼蒼連海隅。興言名義國。豈謂山河殊。使去傳風教。人來習典謨。衣冠知奉禮。忠信識尊儒。誠矣天其鑑。賢哉德不孤。擁旄同作牧。厚貺比生芻。益重青青志。風霜恒不渝。帝幸蜀時。新羅能不遠千里。朝聘行在所。故嘉其至誠。賜之以詩。其云益重青青志、風霜恒不渝者。豈古詩疾風知勁草、板蕩識貞臣之意乎。宣和中。入朝使臣金富儀將刻本入汴京。示館伴學士李邴。李邴上皇帝。因宣示兩府及諸學士訖。傳宣曰。進奉侍郎所上詩。眞明皇書。嘉歎不已。夏四月。大雹。大永郎獻白狐。授位南邊第一。

十六年春正月。上大等思仁病免。伊飡信忠爲上大等。三月。除內外羣官月俸。復賜祿邑。秋七月。重修永昌宮。八月。加調府史二人。冬十二月。改沙伐州爲尚州。領州一、郡十縣三十。歃良州爲良州。領州一、小京一、郡十二、縣三十四。菁州爲康州。領州一、郡十一、縣二十七。漢山州爲漢州。領州一、小京一、郡二十七、縣四十六。首若州爲朔州。領州一、小京一、郡十一、縣二十七。熊川州爲熊州。領州一、小京一、郡十三、縣二十九。河西州爲溟州。領州一、郡九、縣二十五。完山州爲全州。領州一、小京一、郡十、縣三十一。武珍州爲武州。領州一、郡十四、縣四十四。（良州一作梁州。）

十七年春正月。侍中金耆卒。伊飡廉相爲侍中。二月。下敎。內外官請暇滿六十日者、聽解官。夏四月。選醫官精究者。充內供奉。置律令博士二員。秋七月二十三日。王子生。大雷電。震佛寺十六所。八月。遣使入唐朝貢。

十八年春正月。改兵部、倉部卿監爲侍郞。大舍爲郞中。改執事舍知爲執事員外郞。執事史爲執事郞。改調府、禮部、乘府、船府、領客府、左右議方府司正、位和府、例作典、大學監、大道署、永昌宮等大舍爲主簿。賞賜署、典祀署、音聲署、工匠府、彩典等大舍爲主書。二月。改禮部舍知爲司禮。調府舍知爲司庫。領客府舍知爲司儀。乘府舍知爲司牧。船府舍知爲司舟。例作府舍知爲司例。兵部弩舍知爲司兵。倉部租舍知爲司倉。三月。彗星見。至秋乃滅。

十九年春正月。都城寅方有聲如伐鼓。衆人謂之鬼鼓。二月。宮中穿大池。又於宮南蛟川之上。起月淨、春陽二橋。夏四月。侍中廉相退。伊飡金邕爲侍中。秋七月。封王子乾運爲王太子。

二十年春正月朔。虹貫日。日有珥。夏四月。彗星出。

二十一年夏五月。築五谷、鵂巖、漢城、獐塞、池城、德谷六城。各置太守。秋九月。遣使入唐朝貢。

二十二年夏四月。遣使入唐朝貢。秋七月。京都大風。飛瓦拔樹。八月。桃李再花。上大等信忠、侍中金邕免。大奈麻李純爲王寵臣。忽一旦避世入山。累徵不就。剃髮爲僧。爲王創立斷俗寺居之。後聞王好樂。卽詣宮門。諫奏曰。臣聞。昔者桀紂荒于酒色。淫樂不止。由是政事凌遲。國家敗滅。覆轍在前。後車宜戒。伏望大王改過自新。以永國壽。王聞之感歎。爲之停樂。便引之正室。聞說道妙。以及理世之方。數日乃止。

二十三年春正月。伊飡萬宗爲上大等。阿飡良相爲侍中。三月。星孛于東南。龍見楊山下。俄而飛去。冬十二月十一日。流星或大或小。觀者不能數。

二十四年夏四月。地震。遣使入唐朝貢。帝授使者檢校禮部尙書。六月。流星犯心。是月。王薨。謚曰景德。葬毛祇寺西岑。（古記云永泰元年乙巳卒。而舊唐書及資理通鑑皆云大曆二年新羅王憲英卒。豈其誤耶。）

惠恭王立。諱乾運。景德王之嫡子。母金氏滿月夫人。舒弗邯義忠之女。王卽位年八歲。太后攝政。

元年。大赦。幸大學。命博士講尙書義。

二年春正月。二日並出。大赦。二月。王親祀神宮。良里公家牝牛生犢。五脚。一脚向上。康州地陷成池。縱廣五十餘尺。水色靑黑。冬十月。天有聲如鼓。

三年夏六月。地震。秋七月。遣伊飡金隱居入唐貢方物。仍請加冊命。帝御紫宸殿宴見。

三星隕王庭相擊。其光如火迸散。九月。金浦縣禾實皆米。

四年。春。彗星出東北。唐代宗遣倉部郎中歸崇敬兼御史中丞持節賚冊書。冊王爲開府儀同三司新羅王。兼冊王母金氏爲大妃。夏五月。赦殊死已下罪。六月。京都雷雹傷草木。大星隕皇龍寺南。地震聲如雷。泉井皆渴。虎入宮中。秋七月。一吉飡大恭與弟阿飡大廉叛。集衆圍王宮三十三日。王軍討平之。誅九族。九月。遣使入唐朝貢。冬十月。以伊飡神猷爲上大等。伊飡金隱居爲侍中。

五年春三月。燕羣臣於臨海殿。夏五月。蝗旱。命百官各擧所知。冬十一月。雉岳縣鼠八千許向平壤。無雪。

六年春正月。王幸西原京。曲赦所經州縣繫囚。三月。雨土。夏四月。王至自西原。五月十一日。彗星出五車北。至六月十二日滅。二十九日。虎入執事省。捉殺之。秋八月。大阿飡金融叛伏誅。冬十一月。京都地震。十二月。侍中隱居退。伊飡正門爲侍中。

八年春正月。遣伊飡金標石朝唐賀正。代宗授衛尉員外少卿放還。

九年夏四月。遣使如唐賀正。獻金銀、牛黃、魚牙紬、朝霞等方物。六月。遣使如唐謝恩。代宗引見於延英殿。

十年夏四月。遣使如唐朝貢。秋九月。拜伊飡良相爲上大等。冬十月。遣使如唐賀正。見于延英殿。授員外衛尉卿遣之。

十一年春正月。遣使如唐朝貢。三月。以伊飡金順爲侍中。夏六月。遣使朝唐。伊飡金隱居叛。伏誅。秋八月。伊飡廉相與侍中正門謀叛。伏誅。

十二年春正月。下敎。百官之號盡合復舊。幸感恩寺望海。二月。幸國學聽講。三月。加倉部史八人。秋七月。遣使朝唐獻方物。冬十月。遣使入唐朝貢。

十三年春三月。京都地震。夏四月。又震。上大等良相上疏極論時政。冬十月。伊飡周元爲侍中。

十五年春三月。京都地震。壞民屋。死者百餘人。太白入月。設百座法會。

十六年春正月。黃霧。二月。雨土。王幼少卽位。及壯淫于聲色。巡遊不度。綱紀紊亂。災異屢見。人心反側。社稷杌隉。伊飡志貞叛。聚衆圍犯宮闕。夏四月。上大等金良相與伊飡敬信擧兵。誅志貞等。王與后妃爲亂兵所害。良相等諡王爲惠恭王。元妃新寶王后。伊飡維誠之女。次妃伊飡金璋之女。史失入宮歲月。

宣德王立。姓金氏。諱良相。奈勿王十世孫也。父海飡孝芳。母金氏四炤夫人。聖德王之女也。妃具足夫人。角干良品之女也。（一云義恭阿飡之女）大赦。追封父爲開聖大王。尊母金氏爲貞懿太后。妻爲王妃。拜伊飡敬信爲上大等。阿飡義恭爲侍中。改御龍省奉御爲卿。又改卿爲監。

二年春二月。親祀神宮。秋七月。發使安撫浿江南州郡。

三年春閏正月。遣使入唐朝貢。二月。王巡幸漢山州。移民戶於浿江鎭。秋七月。大閱於始林之原。

四年春正月。以阿飡體信爲大谷鎭軍主。二月。京都雪三尺。

五年夏四月。王欲遜位。羣臣三上表諫。乃止。

六年春正月。唐德宗遣戶部郎中蓋塤持節冊命王爲檢校大尉雞林州刺史寧海軍使新羅王。是月。王寢疾彌留。乃下詔曰。寡人本惟菲薄。無心大寶。艱逃推戴。作其卽位。居位以來。年不順成。民用窮困。此皆德不符民望。政未合天心。常欲禪讓退居于外。羣官百辟每以誠止。未果如意。因循至今。忽遘疾疹。不寤不興。死生有命。顧復何恨。死後依佛制燒火。散骨東海。至十三日薨。諡曰宣德。

三國史記卷第九

三國史記卷第十

輸忠定難靖國贊化同德功臣開府儀同三司檢校太師守太保門下侍中判尙書吏禮部事集賢殿太學士監修國史上柱國致仕臣金富軾奉宣撰

新羅本紀第十

元聖王立。諱敬信。奈勿王十二世孫。母朴氏繼烏夫人。妃金氏。神述角干之女。初惠恭王末年。叛臣跋扈。宣德時爲上大等。首唱除君側之惡。敬信預之。平亂有功。洎宣德卽位。卽爲上大等。及宣德薨。無子。羣臣議後。欲立王之族子周元。周元宅於京北二十里。會大雨。閼川水漲。周元不得渡。或曰。卽人君大位。固非人謀。今日暴雨。天其或者不欲立周元乎。今上大等敬信。前王之弟。德望素高。有人君之體。於是衆議翕然。立之繼位。旣而雨止。國人皆呼萬歲。二月。追封高祖大阿飡法宣爲玄聖大王。曾祖伊飡義寬爲神英大王。祖伊飡魏文爲興平大王。考一吉飡孝讓爲明德大王。母朴氏爲昭文太后。立子仁謙爲王太子。毁聖德大王、開聖大王二廟。以始祖大王、太宗大王、文武大王及祖興平大王、考明德大王爲五廟。增文武百官爵一級。拜伊飡兵部令忠廉爲上大等。

伊飡悌恭爲侍中。悌恭免。伊飡世强爲侍中。三月。出前妃具足王后於外宮。賜租三萬四千石。浿江鎭進赤烏。改摠管爲都督。

二年夏四月。國東雨雹。桑麥皆傷。遣金元全入唐進奉方物。德宗下詔書曰。勅新羅王金敬信。金元全至。省表及所進奉具悉。卿俗敦信義。志秉貞純。夙奉邦家。克遵聲敎。撫玆藩服。皆禀儒風。禮法興行。封部寧乂。而竭誠向闕。述職無虧。累遣使臣。聿修貢獻。雖溟渤遐廣。道路悠長。贄幣往來。率循舊典。忠効益著。嘉歎良深。朕君臨萬方。作人父母。自中及外。合軌同文。期致太和。共躋仁壽。卿宜保安封內。勤恤蒼生。永作藩臣。以寧海裔。今賜卿羅錦綾綵等三十匹、衣一副、銀榼一口。至宜領之。妃錦綵綾羅等二十匹、押金線繡羅裙衣一副、銀椀一。大宰相一人衣一副、銀榼一。次宰相二人各衣一副、銀椀各一。卿宜領受分給。夏中盛熱。卿比平安好。宰相已下。並存問之。遣書指不多及。秋七月。旱。九月。王都民饑。出粟三萬三千二百四十石。以賑給之。冬十月。又出粟三萬三千石以給之。大舍武烏獻兵法十五卷、花鈴圖二卷。授以屈押縣令。

三年春二月。京都地震。親祀神宮。大赦。夏五月。太白晝見。秋七月。蝗害穀。八月辛巳朔。日有食之。

四年春。始定讀書三品以出身。讀春秋左氏傳、若禮記、若文選。而能通其義。兼明論語、孝經者爲上。讀曲禮、論語、孝經者爲中。讀曲禮、孝經者爲下。若博通五經、三史、諸子百家書者超擢用之。前祇以弓箭選人。至是改之。秋。國西旱蝗。多盜賊。王發使安撫之。

五年春正月甲辰朔。日有食之。漢山州民饑。出粟以賙之。秋七月。隕霜傷穀。九月。以子玉爲楊根縣小守。執事史毛肖駁言。子玉不以文籍出身。不可委分憂之職。侍中議云。雖不以文籍出身。曾入大唐爲學生。不亦可用耶。王從之。

論曰。惟學焉然後聞道。惟聞道然後灼知事之本末。故學而後仕者。其於事也先本而末自正。譬如擧一綱。萬目從而皆正。不學者反此。不知事有先後本末之序。但區區弊精神於枝末。或掊斂以爲利。或苛察以相高。雖欲利國安民。而反害之。是故學記之言。終於務本。而書亦言不學牆面、涖事惟煩。則執事毛肖一言。可爲萬世之模範者焉。

六年春正月。以宗基爲侍中。增築碧骨堤。徵全州等七州人與役。熊川州進赤烏。三月。以一吉飡伯魚使北國。大旱。夏四月。太白辰星聚于東井。五月。出粟賑漢山、熊川二州饑民。

七年春正月。王太子卒。謚曰惠忠。伊飡悌恭叛伏誅。熊川州向省大舍妻。一産三男。冬十月。京都雪三尺。人有凍死。侍中宗基免。大阿飡俊邕爲侍中。十一月。京都地震。內省侍郞金言爲三重阿飡。

八年秋八月。遣使入唐。獻美女金井蘭。其女國色身香。八月。封王子義英爲太子。上大等忠廉卒。伊飡世强爲上大等。侍中俊邕病免。伊飡崇斌爲侍中。冬十一月壬子朔。日有食之。

九年秋八月。大風折木偃禾。奈麻金惱獻白雉。

十年春二月。地震。太子義英卒。謚曰憲平。侍中崇斌免。以迊飡彥昇爲侍中。秋七月。始創奉恩寺。漢山州進白烏。起望恩樓於宮西。

十一年春正月。封惠忠太子之子俊邕爲太子。夏四月。旱。親錄囚。至六月乃雨。秋八月。隕霜害穀。

十二年春。京都飢疫。王發倉廩賑恤之。夏四月。侍中彥昇爲兵部令。伊飡智原爲侍中。

十三年秋九月。國東蝗害穀。大水山崩。侍中智原免。阿飡金三朝爲侍中。

十四年春三月。宮南樓橋災。望德寺二塔相擊。夏六月。旱。屈自郡石南烏大舍妻。一產三男一女。冬十二月二十九日。王薨。謚曰元聖。以遺命擧柩燒於奉德寺南。（唐書云貞元十四年敬信死。通鑑云貞元十六年敬信死。以本史考之、通鑑誤。）

昭聖（或云昭成）王立。諱俊邕。元聖王太子仁謙之子也。母金氏。妃金氏桂花夫人。大阿飡叔明女也。元聖大王元年、封子仁謙爲太子。至七年卒。元聖養其子於宮中。五年、奉使大唐。受位大阿飡。六年、以波珍飡爲宰相。七年、爲侍中。八年、爲兵府令。十一年、爲太子。及元聖薨繼位。

元年春三月。以菁州老居縣爲學生祿邑。冷井縣令廉哲進白鹿。夏五月。追封考惠忠太子、爲惠忠大王。牛頭州都督遣使奏言。有異獸若牛。身長且高。尾長三尺許。無毛長鼻。自峴城川向烏食壤去。秋七月。得人蔘九尺。甚異之。遣使如唐進奉。德宗謂非人蔘不受。八月。追封母金氏爲聖穆太后。漢山州獻白烏。

二年春正月。封妃金氏爲王后。以忠芬爲侍中。夏四月。暴風折木蜚瓦。瑞蘭殿簾飛不知處。臨海、仁化二門壞。六月。封王子爲太子。王薨。諡曰昭聖。

哀莊王立。諱淸明。昭聖王太子也。母金氏桂花夫人。卽位時十三歲。阿飡兵部令彥昇攝政。初元聖之薨也。唐德宗遣司封郞中兼御史中丞韋丹持節弔慰。且冊命王俊邕爲開府儀同三司檢校太尉新羅王。丹至鄆州。聞王薨乃還。秋七月。王更名重熙。八月。授前入唐宿衛學生梁悅豆肹小守。初德宗幸奉天。悅從難有功。帝授右贊善大夫還之。故王擢用之。

二年春二月。謁始祖廟。別立太宗大王、文武大王二廟。以始祖大王及王高祖明德大王、曾祖元聖大王、皇祖惠忠大王、皇考昭聖大王爲五廟。以兵部令彥昇爲御龍省私臣。未幾爲上大等。大赦。夏五月壬戌朔。日當食不食。秋九月。熒惑入月。星隕如雨。武珍州進赤烏。牛頭州進白雉。冬十月。大寒。松竹皆死。耽羅國遣使朝貢。

三年春正月。王親祀神宮。夏四月。以阿飡金宙碧女入後宮。秋七月。地震。八月。創加耶山海印寺。歃良州進赤烏。冬十二月。授均貞大阿飡。爲假王子。欲以質倭國。均貞辭之。

四年夏四月。王幸南郊觀麥。秋七月。與日本國交聘結好。冬十月。地震。

五年春正月。以伊飡秀昇爲侍中。夏五月。日本國遣使、進黃金三百兩。秋七月。大閱於閼川之上。歃良州進白鵲。重修臨海殿。新作東宮萬壽房。牛頭州蘭山縣伏石起立。熊川州蘇大縣釜浦水變血。九月。望德寺二塔戰。

六年春正月。封母金氏爲大王后。妃朴氏爲王后。是年唐德宗崩。順宗遣兵部郎中兼御史大夫元季方告哀。且冊王爲開府儀同三司檢校大尉使持節大都督雞林州諸軍事雞林州刺史兼持節充寧海軍使上柱國新羅王。其母叔氏爲大妃。（王母父叔明、奈勿王十三世孫。則母姓金氏。以父名爲叔氏。誤也。）妻朴氏爲妃。秋八月。頒示公式二十餘條。冬十一月。地震。

七年春三月。日本國使至。引見朝元殿。下敎禁新創佛寺。唯許修葺。又禁以錦繡爲佛事。金銀爲器用。宜令所司普告施行。唐憲宗放宿衛王子金獻忠歸國。仍加試秘書監。秋八月。遣使入唐朝貢。

八年春正月。伊飡金憲昌（一作貞）爲侍中。二月。王坐崇禮殿觀樂。秋八月。大雪。

九年春二月。日本國使至。王厚禮待之。遣金力奇入唐朝貢。力奇上言。貞元十六年詔冊臣故主金俊邕爲新羅王。母申氏爲大妃。妻叔氏爲王妃。冊使韋丹至中路。聞王薨却廻。其冊在中書省。今臣還國。伏請授臣以歸。勑。金俊邕等冊。宜令鴻臚寺、於中書省受領、至寺宣授與金力奇、令奉歸國。仍賜王叔彥昇及其弟仲恭等門戟。令本國准例給之。（申氏金神述之女。以神字同韻申爲氏。誤也。）發使十二道。分定諸郡邑疆境。秋七月辛巳朔。日有食之。

十年春正月。月犯畢。夏六月。西兄山城鹽庫鳴。聲如牛。碧寺蝦蟇食蛇。秋七月。遣大阿飡金陸珍。入唐謝恩。兼進奉方物。大旱。王叔父彥昇與弟伊飡悌邕將兵入內。作亂弑王。王弟體明侍衛王。幷害之。追謚王爲哀莊。

憲德王、立。諱彥昇。昭聖王同母弟也。元聖王六年。奉使大唐。受位大阿飡。七年。誅逆臣。

爲迊飡。十年。爲侍中。十一年。以伊飡爲宰相。十二年。爲兵部令。哀莊王元年。爲角干。二年。爲御龍省私臣。未幾爲上大等。至是卽位。妃貴勝夫人。禮英角干女也。以伊飡金崇斌爲上大等。秋八月。大赦。遣伊飡金昌南等入唐告哀。憲宗遣職方員外郞攝御史中丞崔廷。以其質子金士信副之。持節弔祭。册立王爲開府儀同三司檢校大尉持節大都督雞林州諸軍事兼持節充寧海軍使上柱國新羅王。册妻貞氏爲妃。賜大宰相金崇斌等三人門戟。(按王妃禮英角干女也。今云貞氏。未詳。)

二年春正月。以波珍飡亮宗爲侍中。河西州進赤烏。二月。王親祀神宮。發使修葺國內隄防。秋七月。流星入紫微。西原京進白雉。冬十月。遣王子金憲章入唐。獻金銀佛像及佛經等。上言爲順宗祈福。流星入王良。

三年春正月。侍中亮宗以病免。伊飡元興爲侍中。二月。以伊飡雄元爲完山州都督。夏四月。始御平議殿聽政。

四年春。以均貞爲侍中。以伊飡忠永年七十。賜几杖。秋九月。遣級飡崇正使北國。

五年春正月。以伊飡憲昌爲武珍州都督。二月。謁始祖廟。玄德門火。

六年春三月。宴羣臣於崇禮殿。樂極。王皷琴。伊飡忠榮起舞。夏五月。國西大水。發使撫問經水州郡人民。復一年租調。秋八月。京都風霧如夜。武珍州都督憲昌入爲侍中。冬十月。黔牟大舍妻。一産三男。

七年春正月。遣使朝唐。憲宗引見。宴賜有差。夏五月。下雪。秋八月己亥朔。日有食之。西邊州郡大飢。盜賊蜂起。出軍討平之。大星出翼軫間、指庚。芒長六許尺、廣二許寸。

八年春正月。侍中憲昌出爲菁州都督。璋如爲侍中。年荒民飢。抵浙東求食者一百七十人。漢山州唐恩縣石長十尺、廣八尺、高三尺五寸。自移一百餘步。夏六月。望德寺二塔戰。

九年春正月。以伊飡金忠恭爲侍中。夏五月。不雨。遍祈山川。至秋七月乃雨。冬十月。人多飢死。敎州郡、發倉穀存恤。遣王子金張廉入唐朝貢。

十年夏六月癸丑朔。日有食之。

十一年春正月。以伊飡眞元年七十。賜几杖。以伊飡憲貞病不能行。年未七十。賜金飾紫檀杖。二月。上大等金崇斌卒。伊飡金秀宗爲上大等。三月。草賊遍起。命諸州郡都督太守、捕捉之。秋七月。唐鄆州節度使李師道叛。憲宗將欲討平。詔遣楊州節度使趙恭。徵發我兵馬。王奉勅旨。命順天軍將軍金雄元。率甲兵三萬以助之。

十二年春夏。旱。冬。飢。十一月。遣使入唐朝貢。穆宗召見麟德殿。宴賜有差。

十三年春。民饑。賣子孫自活。夏四月。侍中金忠恭卒。伊飡永恭爲侍中。菁州都督憲昌改爲熊川州都督。秋七月。浿江南川二石戰。冬十二月二十九日。大雷。

十四年春正月。以母弟秀宗爲副君。入月池宮。（秀宗或云秀升）二月。雪五尺。樹木枯。三月。熊川州都督憲昌以父周元不、得爲王、反叛。國號長安。建元慶雲元年。脅武珍、完山、菁、沙伐四州都督、國原、西原、金官仕臣及諸郡縣守令。以爲己屬。菁州都督向榮脫身走推火郡。漢山、牛頭、歃良、浿江、北原等先知憲昌逆謀。擧兵自守。十八日。完山長史崔雄、助阿飡正連之子令忠等、遁走王京告之。王即授崔雄位級飡速含郡太守。令忠位級飡。遂差員將八人。守王都八方。然後出師。一吉飡張雄先發。迊飡衛恭、波珍飡悌凌繼之。伊飡均貞、迊飡雄元、大阿飡祐徵等掌三軍徂征。角干忠恭、迊飡允膺守蚊火關門。明基、安樂二郎各請從軍。明基與徒衆赴黃山。安樂赴施彌知鎭。於是憲昌遣其將。據要路以待。張雄遇賊兵於道冬峴、擊敗之。衛恭、悌凌合張雄軍。攻三年山城克之。進兵俗離山。擊賊兵滅之。均貞等與賊戰星山滅之。諸軍共到熊津。與賊大戰。斬獲不可勝計。憲昌僅以身免。入城固守。諸軍圍攻浹旬。城將陷。憲昌知不免自死。從者斷首與身各藏。及城陷。得其身於古塚誅之。戮宗族黨與凡二百三十九人。縱其民。後論功爵賞有差。阿飡祿眞授位大阿飡。辭不受。以歃良州屈自郡近賊不汙於亂。復七年。先是菁州太守廳事南池中有異鳥。身長五尺。色黑。頭如五歲許兒。喙長一尺五寸。目如人。嗉如受五升許器。三日而死。憲昌敗亡兆也。聘角干忠恭之女貞嬌、爲太子妃。浿江山谷間。顚木生蘖。一夜高十三尺。圍四尺七寸。夏四月十三日。月色如血。秋七月十二日。日有黑暈指南北。冬十二月。遣柱弼入唐朝貢。

十五年春正月五日。西原京有蟲。從天而墮。九日。有白黑赤三種蟲。冒雪能行。見陽而止。元順、平原二角干七十告老。賜几杖。二月。合水城郡、唐恩縣。夏四月十二日。流星起天市。犯帝座。過天市東北垣織女王良至閣道。分爲三。聲如擊鼓而滅。秋七月。雪。

十七年春正月。憲昌子梵文與高達山賊壽神等百餘人，同謀叛。欲立都於平壤。攻北漢山州。都督聰明率兵捕殺之。（平壤今楊州也。太祖製莊義寺齋文有高麗舊壤、平壤名山之句。）三月。武珍州馬彌知縣女人產兒。二頭二身四臂。產時天大雷。夏五月。遣王子金昕入唐朝貢。遂奏言。先在大學生崔利貞、金叔貞、朴季業等請放還蕃。其新赴朝金允夫、金立之、朴亮之等一十二人。請留宿衛。仍請配國子監習業，鴻臚寺給資糧。從之。秋。歃良州獻白烏。牛頭州大楊管郡黄知奈麻妻。一產二男二女。賜租一百石。

十八年秋七月。命牛岑太守白永。徵漢山北諸州郡人一萬。築浿江長城三百里。冬十月。王薨。謚曰憲德。葬于泉林寺北。（古記云在位十八年、寶曆二年丙午四月卒。新唐書云長慶寶曆間羅王彥昇卒。而資理通鑑及舊唐書皆云大和五年卒。豈其誤耶。）

興德王立。諱秀宗。後改爲景徽。憲德王同母弟也。冬十二月。妃章和夫人卒。追封爲定穆王后。王思不能忘。悵然不樂。群臣表請再納妃。王曰。隻鳥有喪匹之悲。況失良匹。何忍無情遽再娶乎。遂不從。亦不親近女侍。左右使令唯宦豎而已。（章和姓金氏。昭聖王之女也。）

二年春正月。親祀神宮。唐文宗聞王薨廢朝。命太子左諭德兼御史中丞源寂持節弔祭。仍冊立嗣王。爲開府儀同三司檢校太尉使持節大都督雞林州諸軍事兼持節充寧海軍使新羅王。母朴氏爲大妃。妻朴氏爲妃。三月。高句麗僧丘德入唐。賚經至。王集諸寺僧徒。出迎之。夏五月。降霜。秋八月。太白晝見。京都大旱。侍中永恭退。

三年春正月。大阿飡金祐徵爲侍中。二月。遣使入唐朝貢。三月。雪深三尺。夏四月。清海

大使弓福、姓張氏。（一名保皐）入唐徐州、爲軍中小將。後歸國謁王。以卒萬人鎭淸海。（淸海今之莞島）

漢山州瓢川縣妖人自言。有速富之術。衆人頗惑之。王聞之曰。執左道以惑衆者刑之先王之法也。投畀其人遠島。冬十二月。遣使入唐朝貢。文宗召對于麟德殿。宴賜有差。入唐廻使大廉持茶種子來。王使植地理山。茶自善德王時有之。至於此盛焉。

四年春二月。以唐恩郡爲唐城鎭。以沙飡極正往守之。

五年夏四月。王不豫。祈禱。仍許度僧一百五十人。冬十二月。遣使入唐朝貢。

六年春正月。地震。侍中祐徵免。伊飡允芬爲侍中。二月。遣王子金能儒幷僧九人朝唐。秋七月。入唐進奉使能儒等一行人、廻次溺海。冬十一月。遣使入唐朝貢。

七年春夏。旱、赤地。王避正殿。減常膳。赦內外獄囚。秋七月乃雨。八月。飢荒。盜賊遍起。冬十月。王命使安撫之。

八年春。國內大飢。夏四月。王謁始祖廟。冬十月。桃李再華。民多疫死。十一月。侍中允芬退。

九年春正月。祐徵復爲侍中。秋九月。王幸西兄山下大閱。御武平門觀射。冬十月。巡幸國南州郡。存問耆老及鰥寡孤獨。賜穀布有差。

十年春二月。拜阿飡金均貞爲上大等。侍中祐徵以父均貞入相。表乞解職。大阿飡金明爲侍中。

十一年春正月辛丑朔。日有食之。遣王子金義琮如唐謝恩兼宿衛。夏六月。星孛于東。

秋七月。太白犯月。冬十二月。王薨。謚曰興德。朝廷以遺言合葬章和王妃之陵。

僖康王立。諱悌隆。一云悌顒元聖大王孫伊飡憲貞一云草奴之子也。母包道夫人。妃文穆夫人。葛文王忠恭之女。初興德王之薨也。其堂弟均貞。堂弟之子悌隆皆欲爲君。於是侍中金明。阿飡利弘。裴萱伯等奉悌隆。阿飡祐徵與姪禮徵及金陽奉其父均貞。一時入內相戰。金陽中箭。與祐徵等逃走。均貞遇害。而後悌隆乃得即位。

二年春正月。大赦獄囚殊死已下。追封考爲翌成大王。母朴氏爲順成太后。拜侍中金明爲上大等。阿飡利弘爲侍中。夏四月。唐文宗放還宿衛王子金義琮。阿飡祐徵以父均貞遇害。出怨言。金明利弘等不平之。五月。祐徵懼禍及。與妻子奔黃山津口。乘舟往依於清海鎭大使弓福。六月。均貞妹婿阿飡禮徵與阿飡良順亡。投於祐徵。唐文宗賜宿衛金忠信等錦綵有差。

三年春正月。上大等金明。侍中利弘等。興兵作亂。害王左右。王知不能自全。乃縊於宮中。謚曰僖康。葬于蘇山。

閔哀王立。姓金氏。諱明。元聖大王之曾孫也。大阿飡忠恭之子。累官爲上大等。與侍中利弘逼王殺之。自立爲王。追謚考爲宣康大王。母朴氏貴寶夫人爲宣懿太后。妻金氏爲允容王后。拜伊飡金貴爲上大等。阿飡憲崇爲侍中。二月。金陽募集兵士。入清海鎭謁祐徵。阿飡祐徵在清海鎭。聞金明簒位。謂鎭大使弓福曰。金明弑君自立。利弘枉殺君父。不可共戴天也。願仗將軍之兵。以報君父之讎。弓福曰。古人有言。見義不爲無勇。

吾雖庸劣。唯命是從。遂分兵五千人。與其友鄭年曰。非子不能平禍亂。冬十二月。金陽爲平東將軍。與閻長、張弁、鄭年駱金、張建榮、李順行統軍。至武州鐵冶縣。王使大監金敏周出軍迎戰。遣駱金、李順行。以馬軍三千突擊。殺傷殆盡。

二年春閏正月。晝夜兼行。十九日。至于達伐之丘。王聞兵至。命伊飡大昕、大阿飡允璘、嶷勛等。將兵拒之。又一戰大克。王軍死者過半。時王在西郊大樹之下。左右皆散。獨立不知所爲。奔入月遊宅。兵士尋而害之。羣臣以禮葬之。諡曰閔哀。

神武王立。諱祐徵。元聖大王孫均貞上大等之子。僖康王之從弟也。禮徵等既淸宮禁。備禮迎之卽位。追尊祖伊飡禮英（一云孝眞）爲惠康大王。考爲成德大王。母朴氏眞矯夫人爲憲穆太后。立子慶膺爲太子。封淸海鎭大使弓福爲感義軍使。食實封二千戶。利弘、懼。棄妻子遁山林。王遣騎士追捕殺之。秋七月。遣使如唐。遺淄靑節度使奴婢。帝聞之矜遠人。詔令歸國。王寢疾。夢利弘射中背。既寤。瘡發背。至是月二十三日薨。諡曰神武。葬于弟兄山西北。

論曰。歐陽子之論曰。魯桓公弒隱公而自立者。宣公弒子赤而自立者。鄭厲公逐世子忽而自立者。衛公孫剽逐其君衎而自立者。聖人於春秋皆不絕其爲君。各傳其實。而使後世信之。則四君之罪。不可得而掩耳。則人之爲惡。庶乎其息矣。羅之彥昇弒哀莊而卽位。金明弒僖康而卽位。祐徵弒閔哀而卽位。今皆書其實。亦春秋之志也。

三國史記卷第十

三國史記卷第十一

輸忠定難靖國贊化同德功臣開府儀同三司檢校太師守太保門下侍中判尚書吏禮部事集賢殿太學士監修國史上柱國致仕臣金富軾奉
宣撰

新羅本紀第十一

文聖王　憲安王　景文王
憲康王　定康王　眞聖王

文聖王立。諱慶膺。神武王太子。母貞繼夫人。一云定宗太后 八月。大赦。敎曰。清海鎭大使弓福嘗以兵助神考。滅先朝之巨賊。其功烈可忘耶。乃拜爲鎭海將軍、兼賜章服。

二年春正月。以禮徵爲上大等。義琮爲侍中。良順爲伊飡。自夏四月至六月。不雨。唐文宗勅鴻臚寺。放還質子及年滿合歸國學生、共一百五人。冬。饑。

三年春。京都疾疫。一吉飡弘弼謀叛。事發逃入海島。捕之不獲。秋七月。唐武宗勅歸國新羅官前入新羅宣慰副使充兗州都督府司馬賜緋魚袋金雲卿可淄州長史、仍爲使。冊王爲開府儀同三司檢校大尉使持節大都督雞林州諸軍事兼持節充寧海軍使上柱國新羅王。妻朴氏爲王妃。

四年春三月。納伊飡魏昕之女爲妃。

五年春正月。侍中義琮病免。伊飡良順爲侍中。秋七月。五虎入神宮園。

六年春二月甲寅朔。日有食之。太白犯鎭星。三月。京都雨雹。侍中良順退。大阿飡金茹爲侍中。秋八月。置穴口鎭。以阿飡啓弘爲鎭頭。

七年春三月。欲娶淸海鎭大使弓福女爲次妃。朝臣諫曰。夫婦之道。人之大倫也。故夏以塗山興。殷以㜪氏昌。周以褒姒滅。晉以驪姬亂。則國之存亡。於是乎在。其可不愼乎。今弓福海島人也。其女豈可以配王室乎。王從之。冬十一月。雷。無雪。十二月朔。三日並出。

八年春。淸海弓福怨王不納女。據鎭叛。朝廷將討之。則恐有不測之患。將置之。則罪不可赦。憂慮不知所圖。武州人閻長者。以勇壯聞於時。來告曰。朝廷幸聽臣。臣不煩一卒。持空拳以斬弓福以獻。王從之。閻長佯叛國投淸海。弓福愛壯士。無所猜疑。引爲上客。與之飮極歡。及其醉。奪弓福劒斬訖。召其衆說之。伏不敢動。

九年春二月。重修平議、臨海二殿。夏五月。伊飡良順、波珍飡興宗等叛伏誅。秋八月。封王子爲王太子。侍中金茹卒。伊飡魏昕爲侍中。

十年。春夏。旱。侍中魏昕退。波珍飡金啓明爲侍中。冬十月。天有聲如雷。

十一年春正月。上大等禮徵卒。伊飡義正爲上大等。秋九月。伊飡金式、大昕等叛伏誅。大阿飡昕鄰緣坐罪。

十二年春正月。土星入月。京都雨土。大風拔木。赦獄囚誅死已下。

十三年春二月。罷清海鎭。徙其人於碧骨郡。夏四月。隕霜。入唐使阿飡元弘賫佛經幷佛牙來。王出郊迎之。

十四年春二月。波珍飡眞亮爲熊川都督。調府火。秋七月。重修鳴鶴樓。冬十一月。王太子卒。

十五年夏六月。大水。秋八月。西南州郡蝗。

十七年春正月。發使撫問西南百姓。冬十二月。珍閣省災。土星入月。

十九年秋九月。王不豫。降遺詔曰。寡人以眇末之資。處崇高之位。上恐獲罪於天鑑。下慮失望於人心。夙夜兢兢。若涉淵冰。賴三事大夫、百辟卿士、左右挾維。不墜重器。今者忽染疾疹。至于旬日。怳惚之際。恐先朝露。惟祖宗之大業。不可以無主。軍國之萬機。不可以暫廢。顧惟舒弗邯誼靖。先皇之令孫。寡人之叔父。孝友明敏。寬厚仁慈。久處古衡。挾賛王政。上可以祗奉宗廟。下可以撫育蒼生。爰釋重負。委之賢德。付託得人。夫復何恨。況生死始終。物之大期。壽夭脩短。命之常分。逝者可以達理。存者不必過哀。伊爾多士。竭力盡忠。送往事居。罔或違禮。布告國內。明知朕懷。越七日王薨。諡曰文聖。葬于孔雀趾。

憲安王立。諱誼靖。一云祐靖神武王之異母弟也。母照明夫人。宣康王之女。以文聖顧命卽位。大赦。拜伊飡金安爲上大等。

二年春正月。親祀神宮。夏四月。降霜。自五月至七月不雨。唐城郡南河岸有大魚出。長四十步。高六丈。

三年春。穀貴人饑。王遣使賑救。夏四月。教修完隄防勸農。

四年秋九月。王會羣臣於臨海殿。王族膺廉年十五歲預坐焉。王欲觀其志。忽問曰。汝游學有日矣。得無見善人者乎。答曰。臣嘗見三人。竊以爲有善行也。王曰何如。曰一、高門子弟。其與人也。不自先而處於下。一、家富於財。可以侈衣服。而常以麻紵自喜。一、有勢榮。而未嘗以其勢加人。臣所見如此。王聞之默然。與王后耳語曰。朕閱人多矣。無如膺廉者。意以女妻之。顧謂膺廉曰。願郎自愛。朕有息女。使之薦枕。更置酒同飲。從容言曰。吾有二女。兄今年二十歲。弟十九歲。惟郎所娶。膺廉辭不獲。起拜謝。便歸家告父母。父母言。聞王二女容色。兄不如弟。若不得已。宜娶其弟。然尚疑未決。乃問興輪寺僧。僧曰。娶兄則有三益。弟則反是有三損。膺廉乃奏。臣不敢自決。惟王命是從。於是王長女出降焉。

五年春正月。王寢疾彌留。謂左右曰。寡人不幸無男子有女。吾邦故事。雖有善德、眞德二女主。然近於牝雞之晨。不可法也。甥膺廉年雖幼少。有老成之德。卿等立而事之。必不墜祖宗之令緒。則寡人死且不朽矣。是月二十九日。薨。諡曰憲安。葬于孔雀趾。

景文王立。諱膺廉。膺一作疑 僖康王子啓明阿飡之子也。母曰光和一云光義夫人。妃金氏寧花夫人。

元年三月。王御武平門。大赦。

二年春正月。以伊飡金正爲上大等。阿飡魏珍爲侍中。二月。王親祀神宮。秋七月。遣使如唐貢方物。八月。入唐使阿飡富良等一行人溺沒。

三年春二月。王幸國學。令博士已下講論經義。賜物有差。冬十月。桃李華。十一月。無雪。納寧花夫人弟爲次妃。異日王問興輪寺僧曰。師前所謂三益者何也。對曰。當時王及王妃喜其如意。寵愛浸深。一也。因此得繼大位。二也。卒得娶嚮所求季女。三也。王大笑。

四年春二月。王幸感恩寺望海。夏四月。日本國使至。

五年夏四月。唐懿宗降使太子右諭德御史中丞胡歸厚。使副光祿主簿兼監察御史裴光等。弔祭先王。兼賻贈一千匹。冊立王爲開府儀同三司檢校太尉持節大都督雞林州諸軍事上柱國新羅王。仍賜王官誥一道。旌節一副。錦綵五百匹。衣二副。金銀器七事。賜王妃錦綵五十匹。衣一副。銀器二事。賜王太子錦綵四十匹。衣一副。銀器一事。賜大宰相錦綵三十匹。衣一副。銀器一事。賜次宰相錦綵二十匹。衣一副。銀器一事。

六年春正月。封王考爲懿恭大王。母朴氏光和夫人爲光懿王太后。夫人金氏爲文懿王妃。立王子晸爲王太子。十五日。幸皇龍寺看燈。仍賜燕百寮。冬十月。伊飡允興與弟叔興、季興謀逆。事發覺。走岱山郡。王命追捕斬之。夷一族。

七年春正月。重修臨海殿。夏五月。京都疫。秋八月。大水。穀不登。冬十月。發使分道撫問。十二月。客星犯太白。

八年春正月。伊飡金銳、金鉉等謀叛伏誅。夏六月。震皇龍寺塔。秋八月。重修朝元殿。

九年秋七月。遣王子蘇判金胤等入唐謝恩。兼進奉馬二匹、麩金一百兩、銀二百兩、牛黃十五兩、人蔘一百斤、大花魚牙錦一十匹、小花魚牙錦一十匹、朝霞錦二十匹、四十升白氈布四十匹、三十升紵衫段四十匹、四尺五寸頭髮百五十兩、三尺五寸頭髮三百兩、金釵頭五色綦帶幷班胷各一十條。鷹金鏁鏇子幷紛鎝紅幍二十副、新樣鷹金鏁鏇子紛鎝五色幍三十副、鷹銀鏁鏇子紛鎝紅幍二十副、新樣鷹銀鏁鏇子紛鎝五色幍三十副、鷂子金鏁鏇子紛鎝紅幍二十副、新樣鷂子金鏁鏇子紛鎝五色幍三十副、鷂子銀鏁鏇子紛鎝紅幍二十副、新樣鷂子銀鏁鏇子紛鎝五色幍三十副、金花鷹鎝鈴子二百顆、金花鷂子鈴子二百顆、金鏤鷹尾筒五十雙、金鏤鷂子尾筒五十雙、銀鏤鷹尾筒五十雙、銀鏤鷂子尾筒五十雙、繫鷹緋纈皮一百雙、繫鷂子緋纈皮一百雙、瑟瑟鈿金針筒三十具、金花銀針筒三十具、針一千五百。又遣學生李同等三人隨進奉使金胤。入唐習業。仍賜買書銀三百兩。

十年春二月。遣沙飡金因入唐宿衛。夏四月。京都地震。五月。王妃卒。秋七月。大水。冬。無雪。國人多疫。

十一年春正月。王命有司改造皇龍寺塔。二月。重修月上樓。

十二年春二月。親祀神宮。夏四月。京都地震。秋八月。國內州郡蝗害穀。

十三年春。民饑且疫。王發使賑救。秋九月。皇龍寺塔成。九層高二十二丈。

十四年春正月。上大等金正卒。以侍中魏珍爲上大等。藺興爲侍中。夏四月。唐僖宗降使宣諭。五月。伊飡近宗謀逆犯闕。出禁軍擊破之。近宗與其黨夜出城。追獲之車裂。秋九月。重修月正堂。崔致遠在唐登科。

十五年春二月。京都及國東地震。星孛于東。二十日乃滅。夏五月。龍見王宮井。須臾雲霧四合飛去。秋七月八日。王薨。諡曰景文。

憲康王立。諱晸。景文王之太子。母文懿王后。妃懿明夫人。王性聰敏愛看書。目所一覽。皆誦於口。卽位。拜伊飡魏弘爲上大等。大阿飡乂謙爲侍中。大赦內外殊死已下。

二年春二月。皇龍寺齋僧。設百高座講經。王親幸聽之。秋七月。遣使入唐貢方物。

三年春正月。　我太祖大王生於松岳郡。

四年夏四月。唐僖宗降使。冊封王爲使持節開府儀同三司檢校大尉大都督雞林州諸軍事新羅王。秋七月。遣使朝唐。聞黃巢賊起乃止。八月。日本國使至。王引見於朝元殿。

五年春二月。幸國學。命博士已下講論。三月。巡幸國東州郡。有不知所從來四人。詣駕前歌舞。形容可駭。衣巾詭異。時人謂之山海精靈。（古記謂王卽位元年事。）　夏六月。一吉飡信弘叛伏誅。冬十月。御遵禮門觀射。十一月。獵穴城原。

六年春二月。太白犯月。侍中乂謙退。伊飡敏恭爲侍中。秋八月。熊州進嘉禾。九月九日王與左右登月上樓四望。京都民屋相屬。歌吹連聲。王顧謂侍中敏恭曰。孤聞今之民間覆屋以瓦。不以茅。炊飯以炭。不以薪。有是耶。敏恭對曰。臣亦嘗聞之如此。因奏曰。上即位以來。陰陽和。風雨順。歲有年。民足食。邊境謐靜。市井歡娛。此聖德之所致也。王欣然曰。此卿等輔佐之力也。朕何德焉。

七年春三月。燕羣臣於臨海殿。酒酣。上鼓琴。左右各進歌詞。極歡而罷。

八年夏四月。日本國王遣使。進黃金三百兩、明珠一十箇。冬十二月。枯彌縣女一產三男。

九年春二月。王幸三郎寺。命文臣各賦詩一首。

十一年春二月。虎入宮庭。三月。崔致遠還。冬十月壬子。太白晝見。遣使入唐賀破黃巢賊。

十二年春。北鎭奏。狄國人入鎭。以片木掛樹而歸。遂取以獻。其木書十五字云。寶露國與黑水國人。共向新羅國和通。夏六月。王不豫。赦國內獄囚。又於皇龍寺設百高座講經。秋七月五日。薨。謚曰憲康。葬菩提寺東南。

定康王立。諱晃。景文王之第二子也。八月。拜伊飡俊興爲侍中。國西旱且荒。

二年春正月。設百座於皇龍寺。親幸聽講。漢州伊飡金蕘叛。發兵誅之。夏五月。王疾病。謂侍中俊興曰。孤之病革矣。必不復起。不幸無嗣子。然妹曼天資明銳。骨法似丈夫。卿等宜倣善德、眞德古事。立之可也。秋七月五日。薨。謚曰定康。葬菩提寺東南。

眞聖王立。諱曼。憲康王之女弟也。崔致遠文集第二卷謝追贈表云。臣坦言。伏奉制旨。追贈亡父臣凝爲太師。亡兄臣晸爲太傅。又納旌節表云。臣長兄國王晸、以去光啓三年七月五日奄御聖代。臣姪男嶢生未期月。臣仲兄晃權統藩垣。又未經朞月。遽謝明時。以此言之。景文王諱凝。本紀則云膺廉。眞聖王諱坦。本紀則云曼。又定康王晃以光啓三年薨。本紀謂二年薨。皆不知孰是。大赦。復諸州郡一年租稅。設百座皇龍寺。親幸聽法。冬。無雪。

二年春二月。少梁里石自行。王素與角干魏弘通。至是常入內用事。仍命與大矩和尙修集鄉歌。謂之三代目云。及魏弘卒。追謚爲惠成大王。此後潛引少年美丈夫兩三人淫亂。仍授其人以要職。委以國政。由是佞倖肆志。貨賂公行。賞罰不公。紀綱壞弛。時有無名子。欺謗時政。構辭榜於朝路。王命人搜索。不能得。或告王曰。此必文人不得志者所爲。殆是大耶州隱者巨仁耶。王命拘巨仁京獄。將刑之。巨仁憤怨書於獄壁曰。于公慟哭。三年旱。鄒衍含悲。五月霜。今我幽愁。還似古。皇天無語。但蒼蒼。其夕忽雲霧震雷雨雹。王懼出巨仁放歸。三月戊戌朔。日有食之。王不豫。錄囚徒赦殊死已下。許度僧六十人。王疾乃瘳。夏五月。旱。

三年。國內諸州郡不輸貢賦。府庫虛竭。國用窮乏。王發使督促。由是所在盜賊蜂起。於是元宗、哀奴等據沙伐州叛。王命奈麻令奇捕捉。令奇望賊壘。畏不能進。村主祐連力戰死之。王下勅斬令奇。祐連子年十餘歲。嗣爲村主。

四年春正月。日暈五重。十五日。幸皇龍寺看燈。

五年冬十月。北原賊帥梁吉遣其佐弓裔。領百餘騎。襲北原東部落及溟州管內酒泉等十餘郡縣。

六年。完山賊甄萱據州。自稱後百濟。武州東南郡縣降屬。

七年。遣兵部侍郞金處誨。如唐納旌節。沒於海。

八年春二月。崔致遠進時務一十餘條。王嘉納之。拜致遠爲阿飡。冬十月。弓裔自北原入何瑟羅。衆至六百餘人。自稱將軍。

九年秋八月。弓裔擊取猪足、狌川二郡。又破漢州管內夫若、鐵圓等十餘郡縣。冬十月。立憲康王庶子嶢爲太子。初憲康王觀獵。行道傍見一女子。姿質佳麗。王心愛之。命後車載。到帷宮野合。卽有娠而生子。及長體貌魁傑。名曰嶢。眞聖聞之。喚入內。以手撫其背曰。孤之兄弟姊妹骨法異於人。此兒背上兩骨隆起。眞憲康王之子也。仍命有司備禮封崇。

十年。賊起國西南。赤其袴以自異。人謂之赤袴賊。屠害州縣。至京西部牟梁里。劫掠人家而去。

十一年夏六月。王謂左右曰。近年以來。百姓困窮。盜賊蜂起。此孤之不德也。避賢讓位。吾意決矣。禪位於太子嶢。於是遣使入唐表奏曰。臣某言。居義仲之官。非臣素分。守延陵之節。是臣良圖。以臣姪男嶢。是臣亡兄晸息。年將志學。器可興宗。不假外求。爰從內擧。近已俾權藩寄。用靖國災。冬十二月乙巳。王薨於北宮。謚曰眞聖。葬于黄山。

三國史記卷第十一

三國史記卷第十二

輸忠定難靖國贊化同德功臣開府儀同三司檢校太師守太保門下侍中判尚書吏禮部事集賢殿大學士監修國史上柱國致仕臣金富軾奉
宣撰

新羅本紀第十二

孝恭王　神德王　景明王
景哀王　敬順王

孝恭王立。諱嶢。憲康王之庶子。母金氏。大赦。增文武百官爵一級。

二年春正月。尊母金氏爲義明王太后。以舒弗邯俊興爲上大等。阿飡繼康爲侍中。秋七月。弓裔取浿西道及漢山州管內三十餘城。遂都於松岳郡。

三年春三月。納伊飡乂謙之女爲妃。秋七月。北原賊帥梁吉忌弓裔貳己。與國原等十餘城主謀攻之。進軍於非惱城下。梁吉兵潰走。

四年冬十月。國原、菁州、槐壤賊帥淸吉、莘萱等。擧城投於弓裔。

五年。弓裔稱王。秋八月。後百濟王甄萱攻大耶城不下。移軍錦城之南。奪掠沿邊部落而歸。

六年春三月。降霜。以大阿飡孝宗爲侍中。

七年。弓裔欲移都。到鐵圓斧壤。周覽山水。

八年。弓裔設百官。依新羅制。（所制官號雖因羅制。殿有異者。）國號摩震。年號武泰元。浿江道十餘州縣降於弓裔。

九年春二月。星隕如雨。夏四月。降霜。秋七月。弓裔移都於鐵圓。八月。弓裔行兵侵奪我邊邑。以至竹嶺東北。王聞疆埸日削甚患。然力不能禦。命諸城主。愼勿出戰。堅壁固守。

十年春正月。以波珍湌金成爲上大等。三月。前入唐及第金文蔚。官至工部員外郎沂王府諮議叅軍。充冊命使而還。自夏四月至五月不雨。

十一年。春夏。無雨。一善郡以南十餘城。盡爲甄萱所取。

十二年春二月。星孛于東。三月。隕霜。夏四月。雨雹。

十三年夏六月。弓裔命將領兵船。降珍島郡。又破皐夷島城。

十四年。甄萱躬率步騎三千。圍羅州城。經旬不解。弓裔發水軍襲擊之。萱引軍而退。

十五年春正月丙戌朔。日有食之。王嬖於賤妾。不恤政事。大臣殷影諫。不從。影執其妾殺之。弓裔改國號泰封。年號水德萬歲。

十六年夏四月。王薨。謚曰孝恭。葬于師子寺北。

神德王立。姓朴氏。諱景暉。阿達羅王遠孫。父乂兼。（一云銳謙。）事定康大王爲大阿湌。母貞和夫人。妃金氏。憲康大王之女。孝恭王薨無子。爲國人推戴即位。

元年五月。追尊考爲宣聖大王。母爲貞和太后。妃爲義成王后。立子昇英爲王太子。拜伊飡繼康爲上大等。
二年夏四月。隕霜。地震。
三年春三月。隕霜。弓裔改水德萬歲爲政開元年。
四年夏六月。槧浦水與東海水相擊。浪高二十丈許。三日而止。
五年秋八月。甄萱攻大耶城不克。冬十月。地震。聲如雷。
六年春正月。太白犯月。秋七月。王薨。謚曰神德。葬于竹城。
景明王、立。諱昇英。神德王之太子。母義成王后。
元年八月。拜王弟伊飡魏膺爲上大等。大阿飡裕廉爲侍中。
二年春二月。一吉飡玄昇叛伏誅。夏六月。弓裔麾下人心忽變。推戴 太祖。弓裔出奔。爲下所殺。 太祖即位稱元。秋七月。尙州賊帥阿玆蓋遣使降於太祖。
三年。四天王寺塑像所執弓弦自絕。壁畫狗子有聲若吠者。以上大等金成爲角飡。侍中彥邕爲沙飡。 我太祖移都松岳郡。
四年春正月。王與 太祖交聘修好。二月。康州將軍閏雄降於 太祖。冬十月。後百濟主甄萱、率步騎一萬。攻陷大耶城。進軍於進禮。王遣阿飡金律求援於 太祖。太祖命將出師救之。萱聞乃去。
五年春正月。金律告王曰。臣往年奉使高麗。麗王問臣曰。聞新羅有三寶。所謂丈六尊像、九層塔、并聖帶也。像塔猶存。不知聖帶今猶在耶。臣不能答。王聞之問羣臣曰。聖帶是何寶物耶。無能知者。時有皇龍寺僧年過九十者。曰。予嘗聞之。寶帶是眞平大王所服也。歷代傳之。藏在南庫。王遂令開庫。不能得見。乃以別日齋祭。然後見之。其帶粧以金玉甚長。非常人所可束也。

論曰。古者坐明堂。執傳國璽。列九鼎。其若帝王之盛事者也。而韓公論之曰。歸天人之心。興太平之基。決非三器之所能也。竪三器而爲重者。其誇者之詞耶。況此新羅所謂三寶。亦出於人爲之侈而已。爲國家何須此耶。孟子曰。諸侯之寶三。土地、人民、政事。楚書曰。楚國無以爲寶。惟善以爲寶。若此者。行之於內。足以善一國。推之於外。足以澤四海。又何外物之足云哉。　太祖聞羅人之說而問之耳。非以爲可尙者也。

二月。靺鞨別部達姑衆來寇北邊。時　太祖將堅權鎭朔州。率騎擊大破之。匹馬不還。王喜遣使移書。謝於　太祖。夏四月。京都大風拔樹。秋八月。蝗、旱。

六年春正月。下枝城將軍元逢、溟州將軍順式降於　太祖。太祖念其歸順。以元逢本城爲順州。賜順式姓曰王。是月。眞寶將軍洪述降於　太祖。

七年秋七月。命旨城將軍城達、京山府將軍良文等降於　太祖。王遣倉部侍郎金樂錄事參軍金幼卿。朝後唐貢方物。莊宗賜物有差。

八年春正月。遣使入後唐朝貢。泉州節度使王逢規亦遣使貢方物。夏六月。遣朝散大夫倉部侍郎金岳、入後唐朝貢。莊宗授朝議大夫試衛尉卿。秋八月。王薨。謚曰景明。葬于黃福寺北。　太祖遣使弔祭。

景哀王立。諱魏膺。景明王同母弟也。

元年九月。遣使聘於　太祖。冬十月。親祀神宮。大赦。

二年冬十月。高鬱府將軍能文投於　太祖。勞諭還之。以其城迫近新羅王都故也。十一月。後百濟主甄萱以姪眞虎質於高麗。王聞之。使謂　太祖曰。甄萱反覆多詐。不可和親。　太祖然之。

三年夏四月。眞虎暴死。萱謂高麗人故殺。怒擧兵。進軍於熊津。　太祖命諸城堅壁不出。王遣使曰。甄萱違盟擧兵。天必不祐。若大王奮一皷之威。甄萱必自破矣。　太祖謂使者曰。吾非畏萱。俟惡盈而自彊耳。

四年春正月。　太祖親征百濟。王出兵助之。二月。遣兵部侍郞張芬等、入後唐朝貢。唐授張芬檢校工部尙書。副使兵部郞中朴術洪兼御史中丞。判官倉部員外郞李忠式兼侍御史。三月。皇龍寺塔搖動北傾。　太祖親破近巖城。唐明宗以權知康州事王逢規爲懷化大將軍。夏四月。知康州事王逢規遣使林彥、入後唐朝貢。明宗召對中興殿賜物。康州所管突山等四鄕歸於　太祖。秋九月。甄萱侵我軍於高鬱府。王請救於　太祖。命將出勁兵一萬往救。甄萱以救兵未至。以冬十一月。掩入王京。王與妃嬪宗戚。遊鮑石亭宴娛。不覺賊兵至。倉猝不知所爲。王與妃奔入後宮。宗戚及公卿大夫士女四散奔走逃竄。其爲賊所虜者。無貴賤皆駭汗匍匐。乞爲奴僕而不免。萱又縱其兵。剽掠公私財物略盡。入處宮闕。乃命左右索王。王與妃妾數人在後宮。拘致軍中。逼令王自盡。强淫王妃。縱其下亂其妃妾。乃立王之族弟權知國事。是爲敬順王。

敬順王立。諱傅。文聖大王之裔孫。孝宗伊飡之子也。母桂娥太后。爲甄萱所擧卽位。擧前王尸。殯於西堂。與羣下慟哭。上謚曰景哀。葬南山蟹目嶺。　太祖遣使弔祭。

元年十一月。追尊考爲神興大王。母爲王太后。十二月。甄萱侵大木郡。燒盡田野積聚。

二年春正月。高麗將金相與草八城賊興宗戰。不克死之。夏五月。康州將軍有文降於甄萱。六月。地震。秋八月。甄萱命將軍官昕築城於陽山。　太祖命命旨城將軍王忠率兵擊走之。甄萱進屯於大耶城下。分遣軍士。芟取大木郡禾稼。冬十月。甄萱攻陷武谷城。

三年夏六月。天竺國三藏摩睺羅抵高麗。秋七月。甄萱攻義成府城。高麗將洪述出戰不克死之。順州將軍元逢降於甄萱。　太祖聞之怒。然以元逢前功宥之。但改順州爲縣。冬十月。甄萱圍加恩縣。不克而歸。

四年春正月。載巖城將軍善弼降高麗。　太祖厚禮待之。稱爲尙父。初　太祖將通好新羅。善弼引導之。至是降也。念其有功且老。故寵褒之。　太祖與甄萱戰古昌郡甁山之下大捷。殺虜甚衆。其永安、河曲、直明、松生等三十餘郡縣相次降於　太祖。二月。太祖遣使告捷。王報聘兼請相會。秋九月。國東沿海州郡部落。盡降於　太祖。

五年春二月。　太祖率五十餘騎。至京畿通謁。王與百官郊迎入宮。相對曲盡情禮。置宴於臨海殿。酒酣。王言曰。吾以不天。寖致禍亂。甄萱恣行不義。喪我國家。何痛如之。因泫然涕泣。左右無不嗚咽。 太祖亦流涕慰藉。因留數旬。廻駕。王送至穴城。以堂弟裕廉爲質隨駕焉。 太祖麾下軍士肅正。不犯秋毫。都人士女相慶曰。昔甄氏之來也。如逢豺虎。今王公之至也。如見父母。秋八月。 太祖遣使。遺王以錦彩鞍馬。幷賜羣僚將士布帛有差。

六年春正月。地震。夏四月。遣使執事侍郎金昢、副使司賓卿李儒。入唐朝貢。

七年。唐明宗遣使高麗錫命。

八年秋九月。老人星見。運州界三十餘郡縣降於 太祖。

九年冬十月。王以四方土地盡爲他有。國弱勢孤。不能自安。乃與羣下謀。擧土降 太祖。羣臣之議。或以爲可。或以爲不可。王子曰。國之存亡。必有天命。只合與忠臣義士收合民心自固。力盡而後已。豈宜以一千年社稷。一旦輕以與人。王曰。孤危若此。勢不能全。旣不能强。又不能弱。至使無辜之民。肝腦塗地。吾所不能忍也。乃使侍郎金封休賫書請降於 太祖。王子哭泣辭王。徑歸皆骨山。倚巖爲屋。麻衣草食。以終其身。十一月。 太祖受王書。遣大相王鐵等迎之。王率百寮。發自王都。歸于 太祖。香車寶馬。連亘三十餘里。道路塡咽。觀者如堵。 太祖出郊迎勞。賜宮東甲第一區。以長女樂浪公主妻之。十二月。封爲正承公。位在太子之上。給祿一千石。侍從員將皆錄用之。改新羅爲慶州。以爲公之食邑。初新羅之降也。 太祖甚喜。旣待之以厚禮。使告曰。今王以國與寡人。其爲賜大矣。願結昏於宗室。以永甥舅之好。答曰。我伯父億廉迊干知大耶郡事。其女子德容雙美。非是無以備內政。　太祖遂取之生子。是　顯宗之考。追封爲　安宗。至　景宗獻和大王。聘正承公女。納爲王妃。仍封正承公爲尙父令。公至大宋興國四年戊寅薨。謚曰敬順。一云孝哀　國人自始祖至此。分爲三代。自初至眞德二十八王。謂之上代。自武烈至惠恭八王。謂之中代。自宣德至敬順二十王。謂之下代云。

論曰。新羅朴氏、昔氏皆自卵生。金氏從天入金櫃而降。或云乘金車。此尤詭怪不可信。然世俗相傳爲之實事。政和中。　我朝遣尙書李資諒入宋朝貢。臣富軾以文翰之任輔行。詣佑神館見一堂設女仙像。館伴學士王黼曰。此貴國之神。公等知之乎。遂言曰。古有帝室之女。不夫而孕。爲人所疑。乃泛海抵辰韓生子。爲海東始主。帝女爲地仙。長在仙桃山。此其像也。臣又見大宋國信使王襄祭東神聖母文。有娠賢肇邦之句。乃知東神則仙桃山神聖者也。然而不知其子王於何時。今但原厥初。在上者其爲己也儉。其爲人也寬。其設官也略。其行事也簡。以至誠事中國。梯航朝聘之使。相續不絕。常遣子弟。造朝而宿衛。入學而講習。于以襲聖賢之風化。革鴻荒之俗。爲禮義之邦。又憑王師之威靈。平百濟高句麗。取其地郡縣之。可謂盛矣。而奉浮屠之法。不知其弊。至使閭里比其塔廟。齊民逃於緇褐。兵農侵小。而國家日衰。則幾何其不亂且亡也哉。於是時也。景哀加之以荒樂。與宮人左右。出遊鮑石亭。置酒燕衎。不知甄萱之至。與夫門外韓擒虎、樓頭張麗華。無以異矣。若敬順之歸命　太祖。雖非獲已。亦可嘉矣。向若力戰守死以抗王師。至於力屈勢窮。則必覆其宗族。害及于無辜之民。而乃不待告命。封府庫籍郡縣以歸之。其有功於朝廷。有德於生民甚大。昔錢氏以吳越入宋。蘇子瞻謂之忠臣。今新羅功德過於彼遠矣。 我太祖妃嬪衆多。其子孫亦繁衍。而 顯宗自新羅外孫卽寶位。此後繼統者。皆其子孫。豈非陰德之報者歟。

三國史記卷第十二

三國史記卷第十三

輸忠定難靖國贊化同德功臣開府儀同三司檢校太師守太保門下侍中判尙書吏禮部事集賢殿大學士監修國史上柱國致仕臣金富軾奉宣撰

高句麗本紀第一

始祖東明聖王
琉璃王

始祖東明聖王。姓高氏。諱朱蒙。一云鄒牟、一云衆解。先是、扶餘王解夫婁老無子。祭山川求嗣。其所御馬至鯤淵。見大石相對流淚。王怪之。使人轉其石。有小兒、金色蛙形。蛙一作蝸。王喜曰。此乃天賚我令胤乎。乃收而養之。名曰金蛙。及其長立爲太子。後其相阿蘭弗曰。日者、天降我曰。將使吾子孫立國於此。汝其避之。東海之濱有地、號曰迦葉原。土壤膏腴宜五穀。可都也。阿蘭弗遂勸王移都於彼。國號東扶餘。其舊都有人、不知所從來。自稱天帝子解慕漱。來都焉。及解夫婁薨。金蛙嗣位。於是時。得女子於太白山南優渤水。問之。曰我是河伯之女。名柳花。與諸弟出遊。時有一男子。自言天帝子解慕漱。誘我於熊心山下、鴨淥邊室中私之。卽往不返。父母責我無媒而從人。遂謫居優渤水。金蛙異之。幽閉於室中。爲日所炤。引身避之。日影又逐而炤之。因而有孕。生一卵。大如五升許。王棄之與犬豕。皆不食。又棄之路中。牛馬避之。後棄之野。鳥覆翼之。王欲剖之。不能破。遂還其母。其母以物裹之。置於暖處。有一男兒。破殼而出。骨表英奇。年甫七歲。嶷然異常。自作弓矢射之。百發百中。扶餘俗語。善射爲朱蒙。故以名云。金蛙有七子。常與朱蒙遊戲。其伎能皆不及朱蒙。其長子帶素言於王曰。朱蒙非人所生。其爲人也勇。若不早圖。恐有後患。請除之。王不聽。使之養馬。朱蒙知其駿者。而減食令瘦。駑者善養令肥。王以肥者自乘。瘦者給朱蒙。後獵于野。以朱蒙善射。與其矢小。而朱蒙殪獸甚多。王子及諸臣又謀殺之。朱蒙母陰知之。告曰。國人將害汝。以汝才略。何往而不可。與其遲留而受辱。不若遠適以有爲。朱蒙乃與烏伊、摩離、陝父等三人爲友。行至淹淲水。（一名蓋斯水。在今鴨淥東北。）欲渡無梁。恐爲追兵所迫。告水曰。我是天帝子。河伯外孫。今日逃走。追者垂及如何。於是魚鼈浮出成橋。朱蒙得渡。魚鼈乃解。追騎不得渡。朱蒙行至毛屯谷。（魏書云至普述水）遇三人。其一人着麻衣。一人着衲衣。一人着水藻衣。朱蒙問曰。子等何許人也。何姓何名乎。麻衣者曰。名再思。衲衣者曰。名武骨。水藻衣者曰。名默居。而不言姓。朱蒙賜再思姓克氏。武骨仲室氏。默居少室氏。乃告於衆曰。我方承景命。欲啓元基。而適遇此三賢。豈非天賜乎。遂揆其能。各任以事。與之俱至卒本川。（魏書云至紇升骨城）觀其土壤肥美。山河險固。遂欲都焉。而未遑作宮室。但結廬於沸流水上居之。國號高句麗。因以高爲氏。（一云朱蒙至卒本扶餘。王無子。見朱蒙知非常人。以其女妻之。王薨。朱蒙嗣位。）　時朱蒙年二十二歲。是漢孝元帝建昭二年。新羅始祖赫居世二十一年甲申歲也。四方聞之。來附者衆。其地連靺鞨部落。恐侵盜爲害。遂攘斥之。靺鞨投服。不敢犯焉。王見沸流水中。有菜葉逐流下。知有人在上流者。因以獵往尋。至沸流國。其國王松讓出見曰。寡人僻在海隅。未嘗得見君子。今日邂逅相遇。不亦幸乎。然不識吾子自何而來。答曰。我是天帝子。來都於某所。松讓曰。我累世爲王。地小不足容兩主。君立都日淺。爲我附庸可乎。王忿其言。因與之鬭辯。亦相射以校藝。松讓不能抗。

二年夏六月。松讓以國來降。以其地爲多勿都。封松讓爲主。麗語謂復舊土爲多勿。故以名焉。

三年春三月。黃龍見於鶻嶺。秋七月。慶雲見鶻嶺南。其色青赤。

四年夏四月。雲霧四起。人不辨色七日。秋七月。營作城郭宮室。

六年秋八月。神雀集宮庭。冬十月。王命烏伊、扶芬奴伐太白山東南荇人國。取其地爲城邑。

十年秋九月。鸞集於王臺。冬十一月。王命扶尉猒伐北沃沮滅之。以其地爲城邑。

十四年秋八月。王母柳花薨於東扶餘。其王金蛙以太后禮葬之。遂立神廟。冬十月。遣使扶餘饋方物。以報其德。

十九年夏四月。王子類利自扶餘與其母逃歸。王喜之。立爲太子。秋九月。王昇遐。時年四十歲。葬龍山。號東明聖王。

瑠璃明王。立。諱類利。或云孺留。朱蒙元子。母禮氏。初。朱蒙在扶餘。娶禮氏女有娠。朱蒙歸後乃生。是爲類利。幼年出遊陌上彈雀。誤破汲水婦人瓦器。婦人罵曰。此兒無父。故頑如此。類利慙。歸問母氏。我父何人。今在何處。母曰。汝父非常人也。不見容於國。逃歸南地。開國稱王。歸時謂予曰。汝若生男子。則言。我有遺物。藏在七稜石上松下。若能得此者。乃吾子也。類利聞之。乃往山谷索之。不得。倦而還。一旦在堂上。聞柱礎間若有聲。就而見之。礎石有七稜。乃搜於柱下。得斷劍一段。遂持之與屋智、句鄒、都祖等三人行至卒本。見父王。以斷劍奉之。王出己所有斷劍合之。連爲一劍。王悅之。立爲太子。至是繼位。

二年秋七月。納多勿侯松讓之女爲妃。九月。西狩獲白獐。冬十月。神雀集王庭。百濟始祖溫祚立。

三年秋七月。作離宮於鶻川。冬十月。王妃松氏薨。王更娶二女以繼室。一曰禾姬。鶻川人之女也。一曰雉姬。漢人之女也。二女爭寵不相和。王於涼谷造東西二宮。各置之。後王田於箕山。七日不返。二女爭鬪。禾姬罵雉姬曰。汝漢家婢妾。何無禮之甚乎。雉姬慙恨亡歸。王聞之。策馬追之。雉姬怒不還。王嘗息樹下。見黃鳥飛集。乃感而歌曰。翩翩黃鳥。雌雄相依。念我之獨。誰其與歸。

十一年夏四月。王謂羣臣曰。鮮卑恃險。不我和親。利則出抄。不利則入守。爲國之患。若有人能折此者。我將重賞之。扶芬奴進曰。鮮卑險固之國。人勇而愚。難以力鬪。易以謀屈。王曰。然則爲之奈何。答曰。宜使人反間入彼。僞說我國小而兵弱。怯而難動。則鮮卑必易我。不爲之備。臣俟其隙。率精兵從間路。依山林以望其城。王使以羸兵出其城南。

彼必空城而遠追之。臣以精兵走入其城。王親率勇騎挾擊之。則可克矣。王從之。鮮卑果開門出兵追之。扶芬奴將兵走入其城。鮮卑望之大驚還奔。扶芬奴當關拒戰。斬殺甚多。王舉旗鳴鼓而前。鮮卑首尾受敵。計窮力屈。降爲屬國。王念扶芬奴功。賞以食邑。辭曰。此王之德也。臣何功焉。遂不受。王乃賜黃金三十斤。良馬一十匹。

十三年春正月。熒惑守心星。

十四年春正月。扶餘王帶素遣使來聘。請交質子。王憚扶餘强大。欲以太子都切爲質。都切恐不行。帶素恚之。冬十一月。帶素以兵五萬來侵。大雪。人多凍死。乃去。

十九年秋八月。郊豕逸。王使託利、斯卑追之。至長屋澤中得之。以刀斷其脚筋。王聞之怒曰。祭天之牲。豈可傷也。遂投二人坑中殺之。九月。王疾病。巫曰。託利、斯卑爲祟。王使謝之。卽愈。

二十年春正月。太子都切卒。

二十一年春三月。郊豕逸。王命掌牲薛支逐之。至國內尉那巖得之。拘於國內人家養之。返見王曰。臣逐豕至國內尉那巖。見其山水深險。地宜五穀。又多麋鹿魚鼈之産。王若移都。則不唯民利之無窮。又可免兵革之患也。夏四月。王田于尉中林。秋八月。地震。九月。王如國內觀地勢。還至沙勿澤。見一丈夫坐澤上石。謂王曰。願爲王臣。王喜許之。因賜名沙勿、姓位氏。

二十二年冬十月。王遷都於國內。築尉那巖城。十二月。王田于質山陰。五日不返。大輔陜父諫曰。王新移都邑。民不安堵。宜孜孜焉刑政之是恤。而不念此。馳騁田獵。久而不返。若不改過自新。臣恐政荒民散。先王之業墜地。王聞之震怒。罷陜父職。俾司官園。陜父憤。去之南韓。

二十三年春二月。立王子解明爲太子。大赦國內。

二十四年秋九月。王田于箕山之野。得異人。兩腋有羽。登之朝。賜姓羽氏。俾尙王女。

二十七年春正月。王太子解明在古都。有力而好勇。黃龍國王聞之。遣使以强弓爲贈。解明對其使者。挽而折之曰。非予有力。弓自不勁耳。黃龍王慙。王聞之怒。告黃龍曰。解明爲子不孝。請爲寡人誅之。三月。黃龍王遣使請太子相見。太子欲行。人有諫者曰。今鄰國無故請見。其意不可測也。太子曰。天之不欲殺我。黃龍王其如我何。遂行。黃龍王始謀殺之。及見不敢加害。禮送之。

二十八年春三月。王遣人謂解明曰。吾遷都欲安民以固邦業。汝不我隨。而恃剛力。結怨於鄰國。爲子之道其若是乎。乃賜劒使自裁。太子卽欲自殺。或止之曰。大王長子已卒。太子正當爲後。今使者一至而自殺。安知其非詐乎。太子曰。嚮黃龍王以强弓遺之。我恐其輕我國家。故挽折而報之。不意見責於父王。今父王以我爲不孝。賜劒自裁。父之命其可逃乎。乃往礪津東原。以槍插地。走馬觸之而死。時年二十一歲。以太子禮葬於東原。立廟。號其地爲槍原。

論曰。孝子之事親也。當不離左右以致孝。若文王之爲世子。解明在於別都。以好勇聞。

其於得罪也宜矣。又聞之。傳曰。愛子敎之以義方。弗納於邪。今王始未嘗敎之。及其惡成。疾之已甚。殺之而後已。可謂父不父、子不子矣。

秋八月。扶餘王帶素使來讓王曰。我先王與先君東明王相好。而誘我臣逃至此。欲完聚以成國家。夫國有大小。人有長幼。以小事大者禮也。以幼事長者順也。今王若能以禮順事我。則天必佑之。國祚永終。不然則欲保其社稷難矣。於是王自謂立國日淺。民孱兵弱。勢合忍耻屈服、以圖後効。乃與羣臣謀報曰。寡人僻在海隅。未聞禮義。今承大王之敎。敢不惟命之從。時王子無恤年尙幼少。聞王欲報扶餘言。自見其使曰。我先祖神靈之孫。賢而多才。大王妬害。讒之父王。辱之以牧馬。故不安而出。今大王不念前愆。但恃兵多。輕蔑我邦邑。請使者歸報大王。今有累卵於此。若大王不毀其卵。則臣將事之。不然則否。扶餘王聞之。徧問羣下。有一老嫗對曰。累卵者危也。不毀其卵者安也。其意曰。王不知己危。而欲人之來。不如易危以安而自理也。

二十九年夏六月。矛川上有黑蛙。與赤蛙羣鬪。黑蛙不勝死。議者曰。黑北方之色。北扶餘破滅之徵也。秋七月。作離宮於豆谷。

三十一年。漢王莽發我兵伐胡。吾人不欲行。强迫遣之。皆亡出塞。因犯法爲寇。遼西大尹田譚追擊之。爲所殺。州郡歸咎於我。嚴尤奏言。貊人犯法。宜令州郡且慰安之。今猥被以大罪。恐其遂叛。扶餘之屬必有和者。匈奴未克。扶餘、獩貊復起。此大憂也。王莽不聽。詔尤擊之。尤誘我將延丕斬之。傳首京師。（兩漢書及南北史皆云、誘句麗侯騶斬之。）莽悅之。更名吾王爲下句麗侯。布告天下。令咸知焉。於是寇漢邊地愈甚。

三十二年冬十一月。扶餘人來侵。王使子無恤率師禦之。無恤以兵小。恐不能敵。設奇計。親率軍伏于山谷。以待之。扶餘兵直至鶴盤嶺下。伏兵發。擊其不意。扶餘軍大敗。棄馬登山。無恤縱兵盡殺之。

三十三年春正月。立王子無恤爲太子。委以軍國之事。秋八月。王命烏伊、摩離領兵二萬。西伐梁貊。滅其國。進兵襲取漢高句麗縣。縣屬玄菟郡。

三十七年夏四月。王子如津溺水死。王哀慟。使人求屍不得。後沸流人祭須得之以聞。遂以禮葬於王骨嶺。賜祭須金十斤、田十頃。秋七月。王幸豆谷。冬十月。薨於豆谷離宮。葬於豆谷東原。號爲琉璃明王。

三國史記卷第十三

三國史記卷第十四

輸忠定難靖國贊化同德功臣開府儀同三司檢校太師守太保門下侍中判尚書吏禮部事集賢殿大學士監修國史上柱國致仕臣金富軾奉
宣撰

高句麗本紀第二

大武神王　閔中王
慕本王

大武神王立。或云大解朱留王 諱無恤。琉璃王第三子。生而聰慧。壯而雄傑。有大略。琉璃王在位三十三年甲戌立爲太子。時年十一歲。至是卽位。母松氏。多勿國王松讓女也。

二年春正月。京都震。大赦。百濟民一千餘戶來投。

三年春三月。立東明王廟。秋九月。王田骨句川。得神馬。名駏驤。冬十月。扶餘王帶素遣使送赤烏。一頭二身。初扶餘人得此烏獻之王。或曰。烏者黑也。今變而爲赤。又一頭二身。幷二國之徵也。王其兼高句麗乎。帶素喜送之。兼示或者之言。王與羣臣議。荅曰。黑者北方之色。今變而爲南方之色。又赤烏瑞物也。君得而不有之。以送於我。兩國存亡。未可知也。帶素聞之驚悔。

四年冬十二月。王出師伐扶餘。次沸流水上。望見水涯。若有女人舁鼎游戲。就見之。只有鼎。使之炊。不待火自熱。因得作食。飽一軍。忽有一壯夫曰。是鼎吾家物也。我妹失之。王今得之。請負以從。遂賜姓負鼎氏。抵利勿林宿。夜聞金聲。向明使人尋之。得金璽兵物等。曰天賜也。拜受之。上道有一人。身長九尺許。面白而目有光。拜王曰。臣是北溟人怪由。竊聞大王北伐扶餘。臣請從行取扶餘王頭。王悅許之。又有人曰。臣赤谷人麻盧。請以長矛爲導。王又許之。

五年春二月。王進軍於扶餘國南。其地多泥塗。王使擇平地爲營。解鞍休卒。無恐懼之態。扶餘王擧國出戰。欲掩其不備。策馬以前。陷濘不能進退。王於是揮怪由。怪由拔劍號吼擊之。萬軍披靡不能支。直進執扶餘王斬頭。扶餘人既失其王。氣力摧折。而猶不自屈。圍數重。王以糧盡士饑。憂懼不知所爲。乃乞靈於天。忽大霧。咫尺不辨人物、七日。王令作草偶人執兵立營內外、爲疑兵。從間道潛軍夜出。失骨句川神馬、沸流源大鼎。至利勿林。兵飢不興。得野獸以給食。王既至國。乃會羣臣飲至曰。孤以不德。輕伐扶餘。雖殺其王。未滅其國。而又多失我軍資。此孤之過也。遂親弔死問疾。以存慰百姓。是以國人感王德義。皆許殺身於國事矣。三月。神馬駏䮂將扶餘馬百匹。俱至鶴盤嶺下車廻谷。夏四月。扶餘王帶素弟至曷思水濱。立國稱王。是扶餘王金蛙季子。史失其名。初帶素之見殺也。知國之將亡。與從者百餘人至鴨淥谷。見海頭王出獵。遂殺之。取其百姓。至此始都。是爲曷思王。秋七月。扶餘王從弟謂國人曰。我先王身亡國滅。民無所依。王弟逃竄。都於曷思。吾亦不肖。無以興復。乃與萬餘人來投。王封爲王。安置掾那部。以其背有絡文。賜姓絡氏。冬十月。怪由卒。初疾革。王親臨存問。怪由言。臣北溟微賤之人。屢蒙厚恩。雖死猶生。不敢忘報。王善其言。又以有大功勞。葬於北溟山陽。命有司以時祀之。

八年春二月。拜乙豆智爲右輔。委以軍國之事。

九年冬十月。王親征蓋馬國。殺其王。慰安百姓。毋虜掠。但以其地爲郡縣。十二月。句茶國王聞蓋馬滅。懼害及己。擧國來降。由是拓地浸廣。

十年春正月。拜乙豆智爲左輔。松屋句爲右輔。

十一年秋七月。漢遼東太守將兵來伐。王會羣臣問戰守之計。右輔松屋句曰。臣聞恃德者昌。恃力者亡。今中國荒儉。盜賊蜂起。而兵出無名。此非君臣定策。必是邊將規利。擅侵吾邦。逆天違人。師必無功。憑險出奇。破之必矣。左輔乙豆智曰。小敵之强。大敵之禽也。臣度大王之兵。孰與漢兵之多。可以謀伐。不可力勝。王曰。謀伐若何。對曰。今漢兵遠鬪。其鋒不可當也。大王閉城自固。待其師老。出而擊之可也。王然之。入尉那巖城。固守數旬。漢兵圍不解。王以力盡兵疲。謂豆智曰。勢不能守。爲之奈何。豆智曰。漢人謂我巖石之地無水泉。是以長圍。以待吾人之困。宜取池中鯉魚。包以水草。兼旨酒若干。致犒漢軍。王從之。貽書曰。寡人愚昧。獲罪於上國。致令將軍帥百萬之軍。暴露弊境。無以將厚意。輒用薄物。致供於左右。於是漢將謂城內有水。不可猝拔。乃報曰。我皇帝不以臣駑下。令出師問大王之罪。及境踰旬。未得要領。今聞來旨。言順且恭。敢不藉口以報皇帝。遂引退。

十三年秋七月。買溝谷人尙須、與其弟尉須及堂弟于刀等來投。

十四年冬十一月。有雷無雪。

十五年春三月。黜大臣仇都、逸苟、焚求等三人爲庶人。此三人爲沸流部長。資貪鄙。奪人妻妾牛馬財貨。恣其所欲。有不與者、卽鞭之。人皆忿死。王聞之欲殺之。以東明舊臣。不忍致極法。黜退而已。遂使南部使者鄒㪍素代爲部長。㪍素旣上任。別作大室以處。以仇都等罪人不令升堂。仇都等詣前告曰。吾儕小人。故犯王法。不勝愧悔。願公赦過。以令自新。則死無恨矣。㪍素引上之、共坐曰。人不能無過。過而能改。則善莫大焉。乃與之爲友。仇都等感愧不復爲惡。王聞之曰。㪍素不用威嚴。能以智懲惡。可謂能矣。賜姓曰大室氏。夏四月。王子好童遊於沃沮。樂浪王崔理出行。因見之。問曰。觀君顏色。非常人。豈非北國神王之子乎。遂同歸。以女妻之。後好童還國。潛遣人告崔氏女曰。若能入而國武庫。割破鼓角。則我以禮迎。不然則否。先是樂浪有鼓角。若有敵兵則自鳴。故令破之。於是崔女將利刀。潛入庫中。割鼓面角口。以報好童。好童勸王襲樂浪。崔理以鼓角不鳴不備。我兵掩至城下。然後知鼓角皆破。遂殺女子出降。（或云。欲滅樂浪。遂請婚、娶其女爲子妻。後使歸本國。壞其兵物。）冬十一月。王子好童自殺。好童王之次妃曷思王孫女所生也。顏容美麗。王甚愛之。故名好童。元妃恐奪嫡爲太子。乃讒於王曰。好童不以禮待妾。殆欲亂乎。王曰。若以他兒憎疾乎。妃知王不信。恐禍將及。乃涕泣而告曰。請大王密候。若無此事。妾自伏罪。於是大王不能不疑。將罪之。或謂好童曰。子何不自釋乎。答曰。我若釋之。是顯母之惡。貽王之憂。可謂孝乎。乃伏劍而死。

論曰。今王信讒言。殺無辜之愛子。其不仁不足道矣。而好童不得無罪。何則子之見責於其父也。宜若舜之於瞽瞍。小杖則受。大杖則走。期不陷父於不義。好童不知出於此。而死非其所。可謂執於小謹而昧於大義。其公子申生之譬耶。

十二月。立王子解憂爲太子。遣使入漢朝貢。光武帝復其王號。是立武八年也。

二十年。王襲樂浪滅之。

二十四年春三月。京都雨雹。秋七月。隕霜殺穀。八月。梅花發。

二十七年秋九月。漢光武帝遣兵渡海伐樂浪。取其地爲郡縣。薩水已南屬漢。冬十月。王薨。葬於大獸村原。號爲大武神王。

閔中王。諱解色朱。大武神王之弟也。大武神王薨。太子幼少不克卽政。於是國人推戴以立之。冬十一月。大赦。

二年春三月。宴羣臣。夏五月。國東大水。民饑。發倉賑給。

三年秋七月。王東狩獲白獐。冬十一月。星孛于南。二十日而滅。十二月。京都無雪。

四年夏四月。王田於閔中原。秋七月。又田。見石窟。顧謂左右曰。吾死必葬於此。不須更作陵墓。九月。東海人高朱利獻鯨魚目。夜有光。冬十月。蠶友落部大家戴升等一萬餘家。詣樂浪投漢。後漢書云大加戴升等萬餘口。

五年。王薨。王后及羣臣重違遺命。乃葬於石窟。號爲閔中王。

慕本王。諱解憂。一云解愛婁。大武神王元子。閔中王薨。繼而卽位。爲人暴戾不仁。不恤國事。百姓怨之。

元年秋八月。大水、山崩二十餘所。冬十月。立王子翊爲王太子。

二年春。遣將襲漢北平、漁陽、上谷、太原。而遼東太守蔡彤以恩信待之。乃復和親。三月。暴風拔樹。夏四月。隕霜雨雹。秋八月。發使賑恤國內饑民。

四年。王日增暴虐。居常坐人。臥則枕人。人或動搖。殺無赦。臣有諫者。彎弓射之。

六年冬十一月。杜魯弑其君。杜魯慕本人。侍王左右。慮其見殺乃哭。或曰大丈夫何哭爲。古人曰。撫我則后。虐我則讎。今王行虐以殺人。百姓之讎也。爾其圖之。杜魯藏刀以進王前。王引而坐。於是拔刀害之。遂葬於慕本原。號爲慕本王。

三國史記卷第十四

三國史記卷第十五

輸忠定難靖國賛化同德功臣開府儀同三司檢校太師守太保門下侍中判尚書吏禮部事集賢殿太學士監修國史上柱國致仕臣金富軾奉

宣撰

高句麗本紀第三　太祖大王　次大王

太祖大王（或云國祖王）諱宮。小名於漱。琉璃王子古鄒加再思之子也。母太后扶餘人也。慕本王薨。太子不肖。不足以主社稷。國人迎宮。繼立。王生而開目能視。幼而岐嶷。以年七歲。太后垂簾聽政。

三年春二月。築遼西十城。以備漢兵。秋八月。國南蝗害穀。

四年秋七月。伐東沃沮。取其土地爲城邑。拓境東至滄海。南至薩水。

七年夏四月。王如孤岸淵觀魚。釣得赤翅白魚。秋七月。京都大水。漂沒民屋。

十年秋八月。東獵。得白鹿。國南飛蝗害穀。

十六年秋八月。曷思王孫都頭。以國來降。以都頭爲于台。冬十月。雷。

二十年春二月。遣貫那部沛者達賈。伐藻那。虜其王。夏四月。京都旱。

二十二年冬十月。王遣桓那部沛者薛儒。伐朱那。虜其王子乙音爲古鄒加。

二十五年冬十月。扶餘使來獻三角鹿、長尾兎。王以爲瑞物。大赦。十一月。京都雪三尺。

四十六年春三月。王東巡柵城。至柵城西罽山。獲白鹿。及至柵城。與羣臣宴飮。賜柵城守吏物段有差。遂紀功於岩乃還。冬十月。王至自柵城。

五十年秋八月。遣使安撫柵城。

五十三年春正月。扶餘使來獻虎長丈二。毛色甚明而無尾。王遣將入漢遼東。奪掠六縣。太守耿夔出兵拒之。王軍大敗。秋九月。耿夔擊破貊人。

五十五年秋九月。王獵質山陽。獲紫獐。冬十月。東海谷守獻朱豹。尾長九尺。

五十六年春。大旱。至夏。赤地。民饑。王發使賑恤。

五十七年春正月。遣使如漢。賀安帝加元服。

五十九年。遣使如漢。貢獻方物。求屬玄菟。通鑑言。是年三月。麗王宮與濊貊寇玄菟。不知或求屬。或寇耶。抑一誤耶。

六十二年春三月。日有食之。秋八月。王巡守南海。冬十月。至自南海。

六十四年春三月。日有食之。冬十二月。雪五尺。

六十六年春二月。地震。夏六月。王與穢貊襲漢玄菟。攻華麗城。秋七月。蝗雹害穀。八月。命所司擧賢良孝順。問鰥寡孤獨及老不能自存者。給衣食。

六十九年春。漢幽州刺史馮煥、玄菟太守姚光、遼東太守蔡諷等將兵來侵。擊殺穢貊渠帥。盡獲兵馬財物。王乃遣弟遂成。領兵二千餘人。逆煥、光等。遂成遣使詐降。煥等信之。遂成因據險以遮大軍。潛遣三千人攻玄菟、遼東二郡。焚其城郭。殺獲二千餘人。夏四月。王與鮮卑八千人。往攻遼隊縣。遼東太守蔡諷將兵出於新昌。戰沒。功曹掾龍端、兵馬掾公孫酺。以身扞諷。俱沒於陣。死者百餘人。冬十月。王幸扶餘。祀太后廟。存問百姓窮困者。賜物有差。肅愼使來。獻紫狐裘及白鷹、白馬。王宴勞以遣之。十一月。王至自扶餘。王以遂成統軍國事。十二月。王率馬韓穢貊一萬餘騎。進圍玄菟城。扶餘王遣子尉仇台。領兵二萬。與漢兵幷力拒戰。我軍大敗。

七十年。王與馬韓穢貊侵遼東。扶餘王遣兵救破之。馬韓以百濟溫祚王二十七年滅。今與麗王行兵者。蓋滅而復興者歟。

七十一年冬十月。以沛者穆度婁爲左輔。高福章爲右輔。令與遂成參政事。

七十二年秋九月庚申晦。日有食之。冬十月。遣使入漢朝貢。十一月。京都地震。

八十年秋七月。遂成獵於倭山。與左右宴。於是貫那于台彌儒、桓那于台菸支留、沸流那皀衣陽神等。陰謂遂成曰。初慕本之薨也。太子不肖。羣寮欲立王子再思。再思以老讓子者。欲使兄老弟及。今王既已老矣。而無讓意。惟吾子計之。遂成曰。承襲必嫡。天下之常道也。王今雖老。有嫡子在。豈敢覬覦乎。彌儒曰。以弟之賢。承兄之後。古亦有之。子其勿疑。於是左輔沛者穆度婁知遂成有異心。稱疾不仕。

八十六年春三月。遂成獵於質陽。七日不歸。戲樂無度。秋七月。又獵箕丘。五日乃反。其弟伯固諫曰。禍福無門。惟人所召。今子以王弟之親。爲百寮之首。位已極矣。功亦盛矣。宜以忠義存心。禮讓克己。上同王德。下得民心。然後富貴不離於身。而禍亂不作矣。今不出於此。而貪樂忘憂。竊爲足下危之。答曰。凡人之情。誰不欲富貴而歡樂者哉。而得之者萬無一耳。今吾居可樂之勢。而不能肆志。將焉用哉。遂不從。

九十年秋九月。丸都地震。王夜夢一豹齧斷虎尾。覺而問其吉凶。或曰。虎者百獸之長。豹者同類而小者也。意者王之族類殆有謀絕大王之後者乎。王不悅。謂右輔高福章曰。我昨夢有所見。占者之言如此。爲之奈何。答曰。作不善則吉變爲凶。作善則災反爲福。今大王憂國如家。愛民如子。雖有小異。庸何傷乎。

九十四年秋七月。遂成獵於倭山之下。謂左右曰。大王老而不死。吾齒卽將莫矣。不可待也。惟願左右爲我計之。左右皆曰。敬從命矣。於是一人獨進曰。向王子有不祥之言。而左右不能直諫。皆曰敬從命者。可謂姦且諛矣。吾欲直言。未知尊意如何。遂成曰。子能直言藥石也。何疑之有。其人對曰。今大王之賢。內外無異心。子雖有功。率羣下姦諛之人。謀廢明上。此何異將以單縷繫萬鈞之重而倒曳乎。雖復愚人。猶知其不可也。若王子改圖易慮。孝順事上。則大王深知王子之善。必有揖讓之心。不然則禍將及也。遂成不悅。左右妬其直。讒於遂成曰。王子以大王年老。恐國祚之危。欲爲後圖。此人妄言如此。我等惟恐漏洩以致患也。宜殺以滅口。遂成從之。秋八月。王遣將襲漢遼東西安平縣。殺帶方令。掠得樂浪太守妻子。冬十月。右輔高福章言於王曰。遂成將叛。請先誅之。王曰。吾既老矣。遂成有功於國。吾將禪位。子無煩慮。福章曰。遂成之爲人也。忍而不仁。今日受大王之禪。則明日害大王之子孫。大王但知施惠於不仁之弟。不知貽患於無辜之子孫。願大王熟計之。十二月。王謂遂成曰。吾旣老。倦於萬機。天之曆數在汝躬。況汝內叅國政。外揔軍事。久有社稷之功。允塞臣民之望。吾所付託。可謂得人。作其卽位。永孚于休。乃禪位。退老於別宮。稱爲太祖大王。後漢書云。安帝建光元年。高句麗王宮死。子遂成立。玄菟太守姚光上言。欲因其喪發兵擊之。議者皆以爲可許。尙書陳忠曰。宮前桀黠。光不能討。死而擊之、非義也。宜遣弔問、因責讓前罪、赦不加誅、取其後善。安帝從之。明年。遂成還漢生口。案海東古記。高句麗國祖王高宮以後漢建武二十九年癸巳卽位。時年七歲。國母攝政。至孝桓帝本初元年丙戌。遜位讓母弟遂成。時宮年一百歲。在位九十四年。則建光元年。是宮在位第六十九年。則漢書所記與古記抵梧。不相符合。豈漢書所記誤耶。

次大王。諱遂成。太祖大王同母弟也。勇壯有威嚴。小仁慈。受太祖大王推讓卽位。時年七十六。

二年春二月。拜貫那沛者彌儒爲左輔。三月。誅右輔高福章。福章臨死嘆曰。痛哉寃乎。我當時爲先朝近臣。其可見賊亂之人、默然不言哉。恨先君不用吾言。以至於此。今君而陟大位。宜新政敎。以示百姓。而以不義殺一忠臣。吾與其生於無道之時。不如死之速也。乃卽刑。遠近聞之莫不憤惜。秋七月。左輔穆度婁稱疾退老。以桓那于台菸支留爲左輔。加爵爲大主簿。冬十月。沸流那陽神爲中畏大夫。加爵爲于台。皆王之故舊。十一月。地震。

三年夏四月。王使人殺太祖大王元子莫勤。其弟莫德恐禍連及自縊。

論曰。昔宋宣公不立其子與夷。而立其弟繆公。小不忍、亂大謀。以致累世之亂。故春秋大居正。今太祖王不知義。輕大位以授不仁之弟。禍及一忠臣二愛子。可勝歎耶。

秋七月。王田于平儒原。白狐隨而鳴。王射之不中。問於師巫。曰。狐者妖獸非吉祥。況白其色。尤可怪也。然天不能諄諄其言。故示以妖怪者。欲令人君恐懼修省、以自新也。君若修德。則可以轉禍爲福。王曰。凶則爲凶。吉則爲吉。爾既以爲妖。又以爲福。何其誣耶。遂殺之。

四年夏四月丁卯晦。日有食之。五月。五星聚於東方。日者畏王之怒。誣告曰。是君之德也。國之福也。王喜。冬十二月。無氷。

八年夏六月。隕霜。冬十二月。雷、地震。晦。客星犯月。

十三年春二月。星孛于北斗。夏五月甲戌晦。日有食之。

二十年春正月晦。日有食之。三月。太祖大王薨於別宮。年百十九歲。冬十月。椽那皂衣明臨荅夫因民不忍弑王。號爲次大王。

三國史記卷第十五

三國史記卷第十六

輸忠定難靖國贊化同德功臣開府儀同三司檢校太師守太保門下侍中判尚書吏禮部事集賢殿大學士監修國史上柱國致仕臣金富軾奉
宣撰

高句麗本紀第四

新大王　故國川王
山上王

新大王。諱伯固。固一作句 太祖大王之季弟。儀表英特。性仁恕。初次大王無道。臣民不親附。恐有禍亂。害及於己。遂遯於山谷。及次大王被弑。左輔菸支留與羣公議。遣人迎致。及至。菸支留跪獻國璽曰。先君不幸棄國。雖有子。不克有國家。夫人之心歸于至仁。謹拜稽首。請卽尊位。於是俯伏三讓而後卽位。時年七十七歲。

二年春正月。下令曰。寡人生忝王親。本非君德。向屬友于之政。頗乖貽厥之謨。畏害難安。離羣遠遯。洎聞凶訃。但極哀摧。豈謂百姓樂推。羣公勸進。謬以眇末。據于崇高。不敢遑寧。如涉淵海。宜推恩而及遠。遂與衆而自新。可大赦國內。國人旣聞赦令。無不歡呼慶抃。曰。大哉新大王之德澤也。初明臨答夫之難。次大王太子鄒安逃竄。及聞嗣王赦令。卽詣王門告曰。嚮國有災禍。臣不能死。遯于山谷。今聞新政。敢以罪告。若大王據法定罪。棄之市朝。惟命是聽。若賜以不死。放之遠方。則生死肉骨之恵也。臣所願也。非敢望也。王卽賜狗山瀨婁豆谷二所。仍封爲讓國君。拜答夫爲國相。加爵爲沛者。令知內外兵馬。兼領梁貊部落。改左右輔爲國相。始於此。

三年秋九月。王如卒本。祀始祖廟。冬十月。王至自卒本

四年。漢玄菟郡太守耿臨來侵。殺我軍數百人。王自降乞屬玄菟。

五年。王遣大加優居、主簿然人等。將兵助玄菟太守公孫度。討富山賊。

八年冬十一月。漢以大兵嚮我。王問羣臣戰守孰便。衆議曰。漢兵恃衆輕我。若不出戰。彼以我爲怯數來。且我國山險而路隘。此所謂一夫當關。萬夫莫當者也。漢兵雖衆。無如我何。請出師禦之。答夫曰。不然。漢國大民衆。今以强兵遠鬪。其鋒不可當也。而又兵衆者宜戰。兵少者宜守。兵家之常也。今漢人千里轉糧。不能持久。若我深溝高壘。淸野以待之。彼必不過旬月。饑困而歸。我以勁卒薄之。可以得志。王然之。嬰城固守。漢人攻之不克。士卒饑餓引還。答夫帥數千騎追之。戰於坐原。漢軍大敗。匹馬不反。王大悅。賜答夫坐原及質山爲食邑。

十二年春正月。羣臣請立太子。三月。立王子男武爲王太子

十四年冬十月丙子晦。日有食之。

十五年秋九月。國相答夫卒。年百十三歲。王自臨慟。罷朝七日。乃以禮葬於質山。置守墓二十家。冬十二月。王薨。葬於故國谷。號爲新大王。

故國川王。或云國襄 諱男武。或云伊夷謨 新大王伯固之第二子。伯固薨。國人以長子拔奇不肖。共立伊夷謨爲王。漢獻帝建安初。拔奇怨爲兄而不得立。與消奴加各將下戶三萬餘口。詣公孫康降。還住沸流水上。王身長九尺。姿表雄偉。力能扛鼎。莅事聽斷。寬猛得中。

二年春二月。立妃于氏爲王后。后提那部于素之女也。秋九月。王如卒本。祀始祖廟。

四年春三月甲寅。夜赤氣貫於大微、如蛇。秋七月。星孛于大微。

六年。漢遼東太守興師伐我。王遣王子罽須拒之。不克。王親帥精騎。往與漢軍戰於坐原。敗之。斬首山積。

八年夏四月乙卯。熒惑守心。五月壬辰晦。日有食之。

十二年秋九月。京都雪六尺。中畏大夫沛者於畀留、評者左可慮。皆以王后親戚。執國權柄。其子弟並恃勢驕侈。掠人子女。奪人田宅。國人怨憤。王聞之怒欲誅之。左可慮等與四椽那謀叛。

十三年夏四月。聚衆攻王都。王徵畿內兵馬平之。遂下令曰。近者官以寵授。位非德進。毒流百姓。動我王家。此寡人不明所致也。令汝四部各擧賢良在下者。於是四部共擧東部晏留。王徵之、委以國政。晏留言於王曰。微臣庸愚。固不足以叅大政。西鴨淥谷左勿村乙巴素者。琉璃王大臣乙素之孫也。性質剛毅。智慮淵深。不見用於世。力田自給。大王若欲理國。非此人則不可。王遣使以卑辭重禮聘之。拜中畏大夫。加爵爲于台。謂曰。孤叨承先業。處臣民之上。德薄才短。未濟於理。先生藏用晦明。窮處草澤者久矣。今不我棄。幡然而來。非獨孤之喜幸。社稷生民之福也。請安承教。公其盡心。巴素意雖許國。謂所受職不足以濟事。乃對曰。臣之駑蹇。不敢當嚴命。願大王選賢良。授高官。以成大業。王知其意。乃除爲國相。令知政事。於是朝臣國戚。謂素以新間舊。疾之。王有教曰。無貴賤苟不從國相者族之。素退而告人曰。不逢時則隱。逢時則仕。士之常也。今上待我以厚意。其可復念舊隱乎。乃以至誠奉國。明政教。愼賞罰。人民以安。內外無事。冬十月。王謂晏留曰。若無子之一言。孤不能得巴素以共理。今庶績之凝。子之功也。乃拜爲大使者。

論曰。古先哲王之於賢者也。立之無方。用之不惑。若殷高宗之傅說。蜀先主之孔明。秦符堅之王猛。然後賢在位。能在職。政教修明。而國家可保。今王決然獨斷。拔巴素於海濱。不撓衆口。置之百官之上。而又賞其擧者。可謂得先王之法矣。

十六年秋七月。隕霜殺穀。民飢。開倉賑給。冬十月。王畋于質陽。路見坐而哭者。問何以哭爲。對曰。臣貧窮。常以傭力養母。今歲不登。無所傭作。不能得升斗之食。是以哭耳。王曰。嗟乎。孤爲民父母。使民至於此極。孤之罪也。給衣食以存撫之。仍命內外所司。博問鰥寡孤獨老病貧乏不能自存者。救恤之。命有司。每年自春三月至秋七月。出官穀。以百姓家口多少。賑貸有差。至冬十月還納。以爲恒式。內外大悅。

十九年。中國大亂。漢人避亂來投者甚多。是漢獻帝建安二年也。夏五月。王薨。葬于故國川原。號爲故國川王。

山上王。諱延優。一名位宮 故國川王之弟也。魏書云。朱蒙裔孫宮。生而開目能視。是爲太祖。今王是太祖曾孫。亦生而視人。似曾祖宮。高句麗呼相似爲位。故名位宮云。故國川王無子。故延優嗣立。初故國川王之薨也。王后于氏秘不發喪。夜往王弟發岐宅曰。王無後。子宜嗣之。發岐不知王薨。對曰。天之曆數有所歸。不可輕議。況婦人而夜行。豈禮云乎。后慙。便往延優之宅。優起衣冠。迎門入座宴飮。王后曰。大王薨。無子。發岐作長當嗣。而謂妾有異心。暴慢無禮。是以見叔。於是延優加禮。親自操刀割肉。誤傷其指。后解裙帶。裹其傷指。將歸。謂延優曰。夜深恐有不虞。子其送我至宮。延優從之。王后執手入宮。至翌日質明。矯先王命。令羣臣立延優爲王。發岐聞之大怒。以兵圍王宮。呼曰。兄死弟及禮也。汝越次簒奪。大罪也。宜速出。不然則誅及妻孥。延優閉門三日。國人又無從發岐者。發岐知難。以妻子奔遼東。見太守公孫度。告曰。某高句麗王男武之母弟也。男武死無子。某之弟延優與嫂于氏謀卽位。以廢天倫之義。是用憤恚。來投上國。伏願假兵三萬。令擊之。得以平亂。公孫度從之。延優遣弟罽須。將兵禦之。漢兵大敗。罽須自爲先鋒追北。發岐告罽須曰。汝今忍害老兄乎。罽須不能無情於兄弟。不敢害之曰。延優不以國讓。雖非義也。爾以一時之憤。欲滅宗國。是何意耶。身沒之後。何面目以見先人乎。發岐聞之不勝慚悔。奔至裴川。自刎死。罽須哀哭。收其屍。草葬訖而還。王悲喜。引罽須內中宴。見以家人之禮。且曰。發岐請兵異國。以侵國家。罪莫大焉。今子克之。縱而不殺足矣。及其自死哭甚哀。反謂寡人無道乎。罽須愀然銜淚而對曰。臣今請一言而死。王曰何也。罽須曰。王后雖以先王遺命立大王。大王不以禮讓之。曾無兄弟友恭之義。臣欲成大王之美。故收屍殯之。豈圖緣此逢大王之怒乎。大王若以仁忘惡。以兄喪禮葬之。孰謂大王不義乎。臣既以言之。雖死猶生。請出受誅有司。王聞其言。前席而坐。溫顏慰諭曰。寡人不肖不能無惑。今聞子之言。誠知過矣。願子無責。王子拜之。王亦拜之。盡歡而罷。秋九月。命有司奉迎發歧之喪。以王禮葬於裴嶺。王本因于氏得位。不復更娶。立于氏爲后。

二年春二月。築丸都城。夏四月。赦國內二罪已下。

三年秋九月。王畋于質陽。

七年春三月。王以無子。禱於山川。是月十五夜、夢天謂曰。吾令汝少后生男勿憂。王覺語羣臣曰。夢天語我諄諄如此。而無少后奈何。巴素對曰。天命不可測。王其待之。秋八月。國相乙巴素卒。國人哭之慟。王以高優婁爲國相。

十二年冬十一月。郊豕逸。掌者追之、至酒桶村。躑躅不能捉。有一女子年二十許。色美而艷。笑而前執之。然後追者得之。王聞而異之。欲見其女。微行夜至女家。使侍人說之。其家知王來、不敢拒。王入室召其女。欲御之。女告曰。大王之命。不敢避。若幸而有子。願不見遺。王諾之。至丙夜王起還宮。

十三年春三月。王后知王幸酒桶村女妬之。陰遣兵士殺之。其女聞知。衣男服逃走。追及欲害之。其女問曰。爾等今來殺我。王命乎、王后命乎。今妾腹有子。實王之遺體也。殺妾身可也。亦殺王子乎。兵士不敢害。來以女所言告之。王后怒必欲殺之而未果。王聞之。乃復幸女家。問曰。汝今有娠。是誰之子。對曰。妾平生不與兄弟同席。況敢近異性男子乎。今在腹之子。實大王之遺體也。王慰藉贈與甚厚。乃還告王后。竟不敢害。秋九月。酒桶女生男。王喜曰。此天賚予嗣胤也。始自郊豕之事。得以幸其母。乃名其子曰郊彘。立其母爲小后。初小后母孕未產。巫卜之曰。必生王后。母喜。及生名曰后女。冬十月。王移都於丸都。

十七年春正月。立郊彘爲王太子。

二十一年秋八月。漢平州人夏瑤以百姓一千餘家來投。王納之。安置柵城。冬十月。雷。地震。星孛于東北。

二十三年春二月壬子晦。日有食之。

二十四年夏四月。異鳥集于王庭。

二十八年。王孫然弗生。

三十一年夏五月。王薨。葬於山上陵。號爲山上王。

三國史記卷第十六

三國史記卷第十七

輸忠定難靖國贊化同德功臣開府儀同三司檢校太師守太保門下侍中判尚書吏禮部事集賢殿大學士監修國史上柱國致仕臣金富軾奉
宣撰

高句麗本紀第五

東川王　中川王　西川王
烽上王　美川王

東川王。或云東襄。諱憂位居。少名郊彘。山上王之子。母酒桶村人。入爲山上小后。史失其族姓。前王十七年立爲太子。至是嗣位。王性寬仁。王后欲試王心。候王出遊。使人截王路馬鬣。王還曰。馬無鬣可憐。又令侍者進食時。陽覆羹於王衣。亦不怒。

二年春二月。王如卒本祀始祖廟。大赦。三月。封于氏爲王太后。

四年秋七月。國相高優婁卒。以于台明臨於漱爲國相。

八年。魏遣使和親。秋九月。太后于氏薨。太后臨終遺言曰。妾失行。將何面目見國壤於地下。若羣臣不忍擠於溝壑。則請葬我於山上王陵之側。遂葬之如其言。巫者曰。國壤降於予曰。昨見于氏歸于川上。不勝憤恚。遂與之戰。退而思之。顏厚不忍見國人。爾告於朝。遮我以物。是用植松七重於陵前。

十年春二月。吳王孫權遣使者胡衛通和。王留其使。至秋七月。斬之。傳首於魏。

十一年。遣使如魏賀改年號。是景初元年也。

十二年。魏太傅司馬宣王率衆討公孫淵。王遣主簿大加。將兵千人助之。

十六年。王遣將。襲破遼東西安平。

十七年春正月。立王子然弗爲王太子。赦國內。

十九年春三月。東海人獻美女。王納之後宮。冬十月。出師侵新羅北邊。

二十年秋八月。魏遣幽州刺史毋丘儉。將萬人。出玄菟來侵。王將步騎二萬人、逆戰於沸流水上敗之。斬首三千餘級。又引兵再戰於梁貊之谷。又敗之。斬獲三千餘人。王謂諸將曰。魏之大兵反不如我之小兵。毋丘儉者魏之名將。今日命在我掌握之中乎。乃領鐵騎五千、進而擊之。儉爲方陣。決死而戰。我軍大潰。死者一萬八千餘人。王以一千餘騎奔鴨淥原。冬十月。儉攻陷丸都城屠之。乃遣將軍王頎追王。王奔南沃沮。至于竹嶺。軍士分散殆盡。唯東部密友獨在側。謂王曰。今追兵甚迫。勢不可脫。臣請決死而禦之。王可遯矣。遂募死士。與之赴敵力戰。王間行脫而去。依山谷聚散卒自衛。謂曰。若有能取密友者。厚賞之。下部劉屋句前對曰。臣試往焉。遂於戰地見密友伏地。乃負而至。王枕之以股。久而乃蘇。王間行轉輾。至南沃沮。魏軍追不止。王計窮勢屈。不知所爲。東部人紐由進曰。勢甚危迫。不可徒死。臣有愚計。請以飲食往犒魏軍。因伺隙刺殺彼將。若臣計得成。則王可奮擊決勝矣。王曰諾。紐由入魏軍詐降曰。寡君獲罪於大國。逃至海濱。措躬無地。將以請降於陣前。歸死司寇。先遣小臣致不腆之物。爲從者羞。魏將聞之。將受其降。紐由隱刀食器進前。拔刀刺魏將胷。與之俱死。魏軍遂亂。王分軍爲三道。急擊之。魏軍擾亂不能陳。遂自樂浪而退。王復國論功。以密友、紐由爲第一。賜密友巨谷青木谷。賜屋句鴨淥杜訥河原。以爲食邑。追贈紐由爲九使者。又以其子多優爲大使者。是役也。魏將到肅愼南界。刻石紀功。又到丸都山。銘不耐城而歸。初其臣得來見王侵叛中國。數諫。王不從。得來嘆曰。立見此地將生蓬蒿。遂不食而死。毋丘儉令諸軍不壞其墓。不伐其樹。得其妻子。皆放遣之。括地志云。不耐城即國內城也。城累石爲之。此即丸都山與國內城相接。梁書、以司馬懿討公孫淵。王遣將襲西安平。毋丘儉來侵。通鑑以得來諫王爲王位宮時事。誤也。

二十一年春二月。王以丸都城經亂不可復都。築平壤城。移民及廟社。平壤者本仙人王儉之宅也。或云王之都王險。

二十二年春二月。新羅遣使結和。秋九月。王薨。葬於柴原。號曰東川王。國人懷其恩德。莫不哀傷。近臣欲自殺以殉者衆。嗣王以爲非禮禁之。至葬日。至墓自死者甚多。國人伐柴以覆其屍。遂名其地曰柴原。

中川王。或云中壤諱然弗。東川王之子。儀表俊爽。有智略。東川十七年。立爲王太子。二十二年秋九月。王薨。太子卽位。冬十月。立掾氏爲王后。十一月。王弟預物奢句等謀叛伏誅。

三年春二月。王命相明臨於漱。兼知內外兵馬事。

四年夏四月。王以貫那夫人、置革囊、投之西海。貫那夫人顏色佳麗。髮長九尺。王愛之。

將立以爲小后。王后掾氏恐其專寵。乃言於王曰。妾聞西魏求長髮。購以千金。昔我先王不致禮於中國。被兵出奔。殆喪社稷。今王順其所欲。遣一介行李。以進長髮美人。則彼必欣納。無復侵伐之事。王知其意默不答。夫人聞之。恐其加害。反讒后於王曰。王后常罵妾曰。田舍之女、安得在此。若不自歸。必有後悔。意者后欲伺大王之出、以害於妾。如之何。後王獵于箕丘而還。夫人將革囊迎哭曰。后欲以妾盛此投諸海。幸大王賜妾微命。以返於家。何敢更望侍左右乎。王問知其詐。怒謂夫人曰。汝要入海乎。使人投之。

七年夏四月。國相明臨於漱卒。以沸流沛者陰友爲國相。秋七月。地震。

八年。立王子藥盧爲王太子。赦國內。

九年冬十一月。以掾那明臨笏覩尚公主、爲駙馬都尉。十二月。無雪。大疫。

十二年冬十二月。王畋于杜訥之谷。魏將尉遲(名犯長陵諱)將兵來伐。王簡精騎五千。戰於梁貊之谷敗之。斬首八千餘級。

十三年秋九月。王如卒本。祀始祖廟。

十五年秋七月。王獵箕丘。獲白獐。冬十一月。雷。地震。

二十三年冬十月。王薨。葬於中川之原。號曰中川王。

西川王。(或云西壤)諱藥盧。(一云若友)中川王第二子。性聰悟而仁。國人愛敬之。中川王八年。立爲太子。二十三年冬十月。王薨。太子卽位。

二年春正月。立西部大使者于漱之女爲王后。秋七月。國相陰友卒。九月。以尙婁爲國相。尙婁陰友子也。冬十二月。地震。
三年夏四月隕霜害麥。六月。大旱。
四年秋七月丁酉朔。日有食之。民饑。發倉賑之。
七年夏四月。王如新城。(或云新城國之東北大鎭也。) 獵獲白鹿。秋八月。王至自新城。九月。神雀集宮庭。
十一年冬十月。肅愼來侵。屠害邊民。王謂羣臣曰。寡人以眇末之軀。謬襲邦基。德不能綏。威不能震。致此鄰敵。猾我疆域。思得謀臣猛將。以折遐衝。咨爾羣公。各擧奇謀異略才堪將帥者。羣臣皆曰。王弟達賈勇而有智略。堪爲大將。王於是遣達賈往伐之。達賈出奇掩擊。拔檀盧城。殺酋長。遷六百餘家於扶餘南烏川。降部落六七所。以爲附庸。王大悅。拜達賈爲安國君。知內外兵馬事。兼統梁貊、肅愼諸部落。
十七年春二月。王弟逸友、素勃等二人謀叛。詐稱病往溫湯。與黨類戲樂無節。出言悖逆。王召之僞許拜相。及其至。令力士執而誅之。
十九年夏四月。王幸新城。海谷太守獻鯨魚目。夜有光。秋八月。王東狩獲白鹿。九月。地震。冬十一月。王至自新城。
二十三年。王薨。葬於西川之原。號曰西川王。
烽上王。(一云雉葛) 諱相夫。(或云歃矢婁) 西川王之太子也。幼驕逸多疑忌。西川王二十三年薨。太子卽位。
元年春三月。殺安國君達賈。王以賈在諸父之行、有大功業、爲百姓所瞻望。故疑之謀殺。國人曰。微安國君、民不能免梁貊肅愼之難。今其死矣。其將焉託。無不揮涕相弔。秋九月，地震。

二年秋八月。慕容廆來侵。王欲往新城避賊。行至鵠林。慕容廆知王出。引兵追之、將及。王懼。時新城宰北部小兄高奴子領五百騎迎王。逢賊奮擊之。廆軍敗退。王喜。加高奴子爵爲大兄。兼賜鵠林爲食邑。九月。王謂其弟咄固有異心、賜死。國人以咄固無罪哀慟之。咄固子乙弗出遯於野。

三年秋九月。國相尙婁卒。以南部大使者倉助利爲國相。進爵爲大主簿。

五年秋八月。慕容廆來侵。至故國原。見西川王墓。使人發之。役者有暴死者。亦聞壙內有樂聲。恐有神乃引退。王謂羣臣曰。慕容氏兵馬精强。屢犯我疆埸。爲之奈何。相國倉助利對曰。北部大兄高奴子賢且勇。大王若欲禦寇安民。非高奴子無可用者。王以高奴子爲新城太守。善政有威聲。慕容廆不復來寇。

七年秋九月。霜雹殺穀。民饑。冬十月。王增營宮室。頗極侈麗。民饑且困。羣臣驟諫不從。十一月。王使人索乙弗殺之。不得。

八年秋九月。鬼哭于烽山。客星犯月。冬十二月。雷。地震。

九年春正月。地震。自二月至秋七月不雨。年饑民相食。八月。王發國內男女年十五已上。修理宮室。民乏於食、困於役。因之以流亡。倉助利諫曰。天災荐至。年穀不登。黎民失所。壯者流離四方。老幼轉乎溝壑。此誠畏天憂民。恐懼修省之時也。大王曾是不思。驅饑餓之人。困木石之役。甚乖爲民父母之意。而況比鄰有强梗之敵。若乘吾弊以來。其如社稷生民何。願大王熟計之。王慍曰。君者百姓之所瞻望也。宮室不壯麗。無以示威重。今國相蓋欲謗寡人以干百姓之譽也。助利曰。君不恤民。非仁也。臣不諫君。非忠也。臣既承乏國相。不敢不言。豈敢干譽乎。王笑曰。國相欲爲百姓死耶。冀無復言。助利知王之不悛。且畏及害。退與羣臣同謀廢之。迎乙弗爲王。王知不免。自經。二子亦從而死。葬於烽山之原。號曰烽上王。

美川王。一云好壤王。諱乙弗。或云憂弗。西川王之子古鄒加咄固之子。初烽上王疑弟咄固有異心殺之。子乙弗畏害出遁。始就水室村人陰牟家傭作。陰牟不知其何許人。使之甚苦。其家側草澤蛙鳴。使乙弗夜投瓦石禁其聲。晝日督之樵採。不許暫息。不勝艱苦。周年乃去。與東村人再牟販鹽。乘舟抵鴨淥。將鹽下寄江東思收村人家。其家老嫗請鹽。許之斗許。再請不與。其嫗恨恚。潛以屨置之鹽中。乙弗不知。負而上道。嫗追索之。誣以廋屨。告鴨淥宰。宰以屨直取鹽與嫗。决笞放之。於是形容枯槁。衣裳藍縷。人見之不知其爲王孫也。是時國相倉助利將廢王。先遣北部祖弗、東部蕭友等。物色訪乙弗於山野。至沸流河邊。見一丈夫在船上。雖形貌憔悴。而動止非常。蕭友等疑是乙弗。就而拜之曰。今國王無道。國相與羣臣陰謀廢之。以王孫操行儉約。仁慈愛人。可以嗣祖業。故遣臣等奉迎。乙弗疑曰。予野人。非王孫也。請更審之。蕭友等曰。今上失人心久矣。固不足爲國主。故羣臣望王孫甚勤。請無疑。遂奉引以歸。助利喜致於鳥陌南家。不令人知。秋九月。王獵於侯山之陰。國相助利從之。謂衆人曰。與我同心者效我。乃以蘆葉插冠。衆人皆插之。助利知衆心皆同。遂共廢王。幽之別室。以兵周衛。遂迎王孫。上璽綬。卽王位。

冬十月。黃霧四塞。十一月。風從西北來。飛沙走石六日。十二月。星孛于東方。

三年秋九月。王率兵三萬侵玄菟郡。虜獲八千人。移之平壤。

十二年秋八月。遣將襲取遼東西安平。

十四年冬十月。侵樂浪郡。虜獲男女二千餘口。

十五年春正月。立王子斯由爲太子。秋九月。南侵帶方郡。

十六年春二月。攻破玄菟城。殺獲甚衆。秋八月。星孛于東北。

二十年冬十二月。晉平州刺史崔毖來奔。初崔毖陰說我及段氏、宇文氏。使共攻慕容廆。三國進攻棘城。廆閉門自守。獨以牛酒犒宇文氏。二國疑宇文氏與廆有謀。各引兵歸。宇文大人悉獨官曰。二國雖歸。吾當獨取之。廆使其子皝與長史裴嶷將精銳爲前鋒。自將大兵繼之。悉獨官大敗。僅以身免。崔毖聞之。使其兄子燾詣棘城僞賀。廆臨之以兵。燾懼首服。廆廼遣燾歸。謂毖曰。降者上策。走者下策也。引兵隨之。毖與數十騎棄家來奔。其衆悉降於廆。廆以其子仁鎭遼東官府。市里案堵如故。我將如孥據于河城。廆遣將軍張統掩擊擒之。俘其衆千餘家。歸于棘城。王數遣兵寇遼東。慕容廆遣慕容翰、慕容仁伐之。王求盟。翰、仁乃還。

二十一年冬十二月。遣兵寇遼東。慕容仁拒戰破之。

三十一年。遣使後趙石勒。致其楛矢。
三十二年春二月。王薨。葬於美川之原。號曰美川王

三國史記卷第十七

三國史記卷第十八

輸忠定難靖國贊化同德功臣開府儀同三司檢校太師守太保門下侍中判尙書吏禮部事集賢殿大學士監修國史上柱國致仕臣金富軾奉宣撰

高句麗本紀第六

故國原王 小獸林王 故國壤王 廣開土王 長壽王

故國原王。一云國岡上王 諱斯由。或云劉 美川王十五年。立爲太子。三十二年春。王薨。卽位。

二年春二月。王如卒本。祀始祖廟。巡問百姓老病賑給。三月。至自卒本。

四年秋八月。增築平壤城。冬十二月。無雪。

五年春正月。築國北新城。秋七月。隕霜殺穀。

六年春三月。大星流西北。遣使如晉貢方物。

九年。燕王皝來侵。兵及新城。王乞盟。乃還。

十年。王遣世子、朝於燕王皝。

十二年春二月。修葺丸都城。又築國內城。秋八月。移居丸都城。冬十月。燕王皝遷都龍城。立威將軍翰請先取高句麗、後滅宇文。然後中原可圖。高句麗有二道。其北道平闊。

南道險狹。衆欲從北道。翰曰。虜以常情料之。必謂大軍從北道。當重北而輕南。王宜帥銳兵、從南道擊之、出其不意。北都不足取也。別遣偏師、出北道。縱有蹉跌。其腹心已潰。四支無能爲也。皝從之。十一月。皝自將勁兵四萬、出南道。以慕容翰、慕容霸爲前鋒。別遣長史王寓等將兵萬五千、出北道。以來侵。王遣弟武帥精兵五萬拒北道。自帥羸兵以備南道。慕容翰等先至戰。皝以大衆繼之。我兵大敗。左長史韓壽斬我將阿佛和度加。諸軍乘勝遂入丸都。王單騎走入斷熊谷。將軍慕輿埿追獲王母周氏及王妃而歸。會王寓等戰於北道皆敗沒。由是皝不復窮追。遣使招王。王不出。皝將還。韓壽曰。高句麗之地不可戍守。今其主亡民散。潛伏山谷。大軍既去。必復鳩聚。收其餘燼。猶足爲患。請載其父尸。囚其生母而歸。俟其束身自歸。然後返之。撫以恩信。策之上也。皝從之。發美川王廟。載其尸。收其府庫累世之寶。虜男女五萬餘口。燒其宮室。毀丸都城而還。

十三年春二月。王遣其弟稱臣入朝於燕。貢珍異以千數。燕王皝乃還其父尸。猶留其母爲質。秋七月。移居平壤東黃城。城在今西京東木覓山中。遣使如晉朝貢。冬十一月。雪五尺。

十五年冬十月。燕王皝使慕容恪來攻。拔南蘇。置戍而還。

十九年。王送前東夷護軍宋晃于燕。燕王儁赦之。更名曰活。拜爲中尉。

二十五年春正月。立王子丘夫爲王太子。冬十二月。王遣使詣燕。納質修貢。以請其母。燕王儁許之。遣殿中將軍刁龕送王母周氏歸國。以王爲征東大將軍營州刺史。封樂浪公。王如故。

三十九年秋九月。王以兵二萬南伐百濟。戰於雉壤。敗積。

四十年。秦王猛伐燕破之。燕太傅慕容評來奔。王執送於秦。

四十一年冬十月。百濟王率兵三萬來攻平壤城。王出師拒之。爲流矢所中。是月二十三日薨。葬于故國之原。（百濟蓋鹵王表魏曰。梟斬釗首。過辭也。）

小獸林王。（一云小解朱留王）諱丘夫。故國原王之子也。身長大有雄略。故國原王二十五年。立爲太子。四十一年。王薨。太子卽位。

二年夏六月。秦王符堅遣使及浮屠順道。送佛像經文。王遣使廻謝。以貢方物。立太學。敎育子弟。

三年。始頒律令。

四年。僧阿道來。

五年春二月。始創肖門寺。以置順道。又創伊弗蘭寺。以置阿道。此海東佛法之始。秋七月。攻百濟水谷城。

六年冬十一月。侵百濟北鄙。

七年冬十月。無雪。雷。民疫。百濟將兵三萬來侵平壤城。十一月。南伐百濟。遣使入符秦朝貢。

八年。旱。民饑相食。秋九月。契丹犯北邊。陷八部落。

十三年秋九月。星孛于西北。

十四年冬十一月。王薨。葬於小獸林。號爲小獸林王。

故國壤王。諱伊連。〔或云於只支〕小獸林王之弟也。小獸林王在位十四年薨。無嗣。弟伊連卽位。

二年夏六月。王出兵四萬襲遼東。先是燕王垂命帶方王佐、鎭龍城。佐聞我軍襲遼東。遣司馬郝景將兵救之。我軍擊敗之。遂陷遼東、玄菟。虜男女一萬口而還。冬十一月。燕慕容農將兵來侵。復遼東、玄菟二郡。初幽、冀流民多來投。農以范陽龐淵爲遼東太守招撫之。十二月。地震。

三年春正月。立王子談德爲太子。秋八月。王發兵南伐百濟。冬十月。桃李華。牛生馬八足二尾。

五年夏四月。大旱。秋八月。蝗。

六年春。饑。人相食。王發倉賑給。秋九月。百濟來侵。掠南鄙部落而歸。

七年秋九月。百濟遣達率眞嘉謨攻破都押城。虜二百人以歸。

九年春。遣使新羅修好。新羅王遣姪實聖爲質。三月。下敎、崇信佛法求福。命有司立國社。修宗廟。夏五月。王薨。葬於故國壤。號爲故國壤王。

廣開土王。諱談德。故國壤王之子。生而雄偉。有倜儻之志。故國壤王三年。立爲太子。九年。王薨。太子卽位。秋七月。南伐百濟。拔十城。九月。北伐契丹。虜男女五百口。又招諭本國陷沒民口一萬而歸。冬十月。攻陷百濟關彌城。其城四面峭絕。海水環繞。王分軍七道。攻擊二十日乃拔。

二年秋八月。百濟侵南邊。命將拒之。創九寺於平壤。

三年秋七月。百濟來侵。王率精騎五千逆擊敗之。餘寇夜走。八月。築國南七城。以備百濟之寇。

四年秋八月。王與百濟戰於浿水之上。大敗之。虜獲八千餘級。

九年春正月。王遣使入燕朝貢。二月。燕王盛以我王禮慢。自將兵三萬襲之。以驃騎大將軍慕容熙爲前鋒。拔新城、南蘇二城。拓地七百餘里。徙五千餘戶而還。

十一年。王遣兵攻宿軍。燕平州刺史慕容歸棄城走。

十三年冬十一月。出師侵燕。

十四年春正月。燕王熙來攻遼東城。且陷。熙命將士毋得先登。俟剗平其城。朕與皇后乘輦而入。由是城中得嚴備。卒不克而還。

十五年秋七月。蝗、旱。冬十二月。燕王熙襲契丹至陘北。畏契丹之衆欲還。遂棄輜重。輕兵襲我。燕軍行三千餘里。士馬疲凍。死者屬路。攻我木底城。不克而還。

十六年春二月。增修宮闕。

十七年春三月。遣使北燕。且叙宗族。北燕王雲遣侍御史李拔報之。雲祖父高和句麗之支屬。自云高陽氏之苗裔。故以高爲氏焉。慕容寶之爲太子。雲以武藝侍東宮。寶子之。賜姓慕容氏。
十八年夏四月。立王子巨連爲太子。秋七月。築國東禿山等六城。移平壤民戶。八月。王南巡。
二十二年冬十月。王薨。號爲廣開土王。

長壽王。諱巨連。一作璉 開土王之元子也。體貌魁傑。志氣豪邁。開土王十八年。立爲太子。二十二年。王薨。卽位。
元年。遣長史高翼入晉奉表獻赭白馬。安帝封王高句麗王樂安郡公。
二年秋八月。異鳥集王宮。冬十月。王畋于蛇川之原。獲白獐。十二月。王都雪五尺。
七年夏五月。國東大水。王遣使存問。
十二年春二月。新羅遣使修聘。王勞慰之特厚。秋九月。大有年。王宴羣臣於宮。
十三年。遣使如魏貢。
十五年。移都平壤。
二十三年夏六月。王遣使入魏朝貢。且請國諱。世祖嘉其誠欵。使錄帝系及諱以與之。遣員外散騎侍郞李敖。拜王爲都督遼海諸軍事征東將軍領護東夷中郞將遼東郡開國公高句麗王。秋。王遣使入魏謝恩。魏人數伐燕。燕日危蹙。燕王馮弘曰。若事急。且東依高句麗。以圖後舉。密遣尙書陽伊請迎於我。
二十四年。燕王遣使入貢于魏。請送侍子。魏主不許。將舉兵討之。遣使來告諭。夏四月。

魏攻燕白狼城克之。王遣將葛盧孟光。將衆數萬。隨陽伊至和龍。迎燕王。葛盧孟光入城。命軍脫弊褐。取燕武庫精仗以給之。大掠城中。五月。燕王率龍城見戶東徙。焚宮殿。火一旬不滅。令婦人被甲居中。陽伊等勒精兵居外。葛盧孟光帥騎殿後。方軌而進。前後八十餘里。魏主聞之。遣散騎常侍封撥來。令送燕王。王遣使入魏奉表。稱當與馮弘俱奉王化。魏主以王違詔。議擊之。將發隴右騎卒。劉絜、樂平王丕等諫之。乃止。

二十五年春二月。遣使入魏朝貢。

二十六年春三月。初燕王弘至遼東。王遣使勞之曰。龍城王馮君。爰適野次。士馬勞乎。弘慙怒。稱制讓之。王處之平郭。尋徙北豐。弘素侮我。政刑賞罰猶如其國。王乃奪其侍人。取其太子王仁爲質。弘怨之。遣使如宋。上表求迎。宋太祖遣使者王白駒等迎之。幷令我資送。王不欲使弘南來。遣將孫漱、高仇等。殺弘于北豐。幷其子孫十餘人。白駒等帥所領七千餘人。掩討漱、仇。殺仇。生擒漱。王以白駒等專殺。遣使執送之。太祖以遠國不欲違其意。下白駒等獄。已而原之。

二十七年冬十一月。遣使入魏朝貢。十二月。遣使入魏朝貢。

二十八年。新羅人襲殺邊將。王怒將擧兵討之。羅王遣使謝罪乃止。

四十二年秋七月。遣兵侵新羅北邊。

四十三年。遣使入宋朝貢。

五十年春三月。遣使入魏朝貢。

五十一年。宋世祖孝武皇帝策王爲車騎大將軍開府儀同三司。

五十三年、春二月。遣使入魏朝貢。

五十四年春三月。遣使入魏朝貢。魏文明太后以顯祖六宮未備。敎王令薦其女。王奉表云。女已出嫁。求以弟女應之。許焉。乃遣安樂王眞、尙書李敷等。至境送幣。或勸王曰。魏昔與燕婚姻。旣而伐之。由行人具知其夷險故也。殷鑒不遠。宜以方便辭之。王遂上書稱女死。魏疑其矯詐。又遣假散騎常侍程駿切責之。若女審、死者。聽更選宗淑。王云、若天子恕其前愆。謹當奉詔。會顯祖崩。乃止。

五十五年春二月。遣使入魏朝貢。

五十六年春二月。王以靺鞨兵一萬。攻取新羅悉直州城。夏四月。遣使入魏朝貢。

五十七年春二月。遣使入魏朝貢。秋八月。百濟兵侵入南鄙。

五十八年春二月。遣使入魏朝貢。

五十九年秋九月。民奴各等奔降於魏。各賜田宅。是魏高祖延興元年也。

六十年春二月。遣使入魏朝貢。秋七月。遣使入魏朝貢。自此已後。貢獻倍前。其報賜亦稍加焉。

六十一年春二月。遣使入魏朝貢。秋八月。遣使入魏朝貢。

六十二年春三月。遣使入魏朝貢。秋七月。遣使入宋朝貢。

六十三年春二月。遣使入魏朝貢。秋八月。遣使入魏朝貢。九月。王帥兵三萬侵百濟。陷王所都漢城。殺其王扶餘慶。虜男女八千而歸。
六十四年春二月。遣使入魏朝貢。秋七月。遣使入魏朝貢。九月。遣使入魏朝貢。
六十五年春二月。遣使入魏朝貢。秋九月。遣使入魏朝貢。
六十六年。遣使入宋朝貢。百濟燕信來投。
六十七年春三月。遣使入魏朝貢。秋九月。遣使入魏朝貢。
六十八年夏四月。南齊太祖蕭道成。策王爲驃騎大將軍。王遣使餘奴等朝聘南齊。魏光州人於海中得餘奴等送闕。魏高祖詔責王曰。道成親弑其君。竊位江左。朕方欲興滅國於舊邦。繼絶世於劉氏。而卿越境外交。遠通篡賊。豈是藩臣守節之義。今不以一過掩卿舊款。即送還藩。其感恕思愆。祗承明憲。輯寧所部。動靜以聞。
六十九年。遣使南齊朝貢。
七十二年冬十月。遣使入魏朝貢。時魏人謂我方强。置諸國使邸。齊使第一。我使者次之。
七十三年夏五月。遣使入魏朝貢。冬十月。遣使入魏朝貢。
七十四年夏四月。遣使入魏朝貢。
七十五年夏五月。遣使入魏朝貢。
七十六年春二月。遣使入魏朝貢。夏四月。遣使入魏朝貢。秋閏八月。遣使入魏朝貢。
七十七年春二月。遣使入魏朝貢。夏六月。遣使入魏朝貢。秋九月。遣兵侵新羅北邊。陷狐山城。冬十月。遣使入魏朝貢。

七十八年秋七月。遣使入魏朝貢。九月。遣使入魏朝貢。

七十九年夏五月。遣使入魏朝貢。秋九月。遣使入魏朝貢。冬十二月。王薨。年九十八歲。號長壽王。魏孝文聞之制素。委貌布深衣、擧哀於東郊。遣謁者僕射李安上。策贈車騎大將軍太傅遼東郡開國公高句麗王。謚曰康。

三國史記卷第十八

三國史記卷第十九

輸忠定難靖國贊化同德功臣開府儀同三司檢校太師守太保門下侍中判尚書吏禮部事集賢殿大學士監修國史上柱國致仕臣金富軾奉宣撰

高句麗本紀第七

文咨王　安臧王　安原王　陽原王　平原王

文咨明王。一云明治好王 諱羅雲。長壽王之孫。父王子古鄒大加助多。助多早死。長壽王養於宮中。以爲大孫。長壽在位七十九年薨。繼立。

元年春正月。三月。魏孝文帝遣使拜王爲使持節都督遼海諸軍事征東將軍領護東夷中郎將遼東郡開國公高句麗王。賜衣冠服物車旗之飾。又詔王遣世子入朝。王辭以疾。遣從叔升干。隨使者詣闕。夏六月。遣使入魏朝貢。秋八月。遣使入魏朝貢。冬十月。遣使入魏朝貢。

二年冬十月。地震。

三年春正月。遣使入魏朝貢。二月。扶餘王及妻孥以國來降。秋七月。我軍與新羅人戰於薩水之原。羅人敗保犬牙城。我兵圍之。百濟遣兵三千援新羅。我兵引退。齊帝策王爲使持節散騎常侍都督營平二州征東大將軍樂浪公。遣使入魏朝貢。冬十月。桃李華。

四年春二月。遣使入魏朝貢。大旱。夏五月。遣使入魏朝貢。秋七月。南巡狩。望海而還。八月。遣兵圍百濟雉壤城。百濟請救於新羅。羅王命將軍德智率兵來援。我軍退還。

五年。齊帝進王爲車騎將軍。遣使入齊朝貢。秋七月。遣兵攻新羅牛山城。新羅兵出擊泥河上。我軍敗北。

六年秋八月。遣兵攻新羅牛山城取之。

七年春正月。立王子興安爲太子。秋七月。創金剛寺。八月。遣使入魏朝貢。

八年。百濟民饑。二千人來役。

九年秋八月。遣使入魏朝貢。

十年春正月。遣使入魏朝貢。冬十二月。遣使入魏朝貢。

十一年秋八月。蝗。冬十月。地震。民屋倒墮。有死者。梁高祖卽位。夏四月。進王爲車騎大將軍。冬十一月。百濟犯境。十二月。遣使入魏朝貢。

十二年冬十一月。百濟遣達率優永率兵五千。來侵水谷城。

十三年夏四月。遣使入魏朝貢。世宗引見其使芮悉弗於東堂。悉弗進曰。小國係誠天極。累葉純誠。地產土毛。無愆王貢。但黃金出自扶餘。珂則涉羅所產。扶餘爲勿吉所逐。涉羅爲百濟所幷。二品所以不登王府。實兩賊是爲。世宗曰。高句麗世荷上奬。專制海外。九夷黠虜悉得征之。瓶罄罍恥。誰之咎也。昔方貢之愆。責在連率。卿宜宣朕志於卿主。務盡威懷之略。揃披害羣。輯寧東裔。使二邑還復舊墟。土毛無失常貢也。

十五年秋八月。王獵於龍山之陽。五日而還。九月。遣使入魏朝貢。冬十一月。遣將伐百濟。大雪。士卒凍皸而還。

十六年冬十月。遣使入魏朝貢。王遣將高老與靺鞨謀。欲攻百濟漢城。進屯於橫岳下。百濟出師逆戰乃退。

十七年。梁高祖下詔曰。高句麗王樂浪郡公某。乃誠款著。貢驛相尋。宜豐秩命。式弘朝典。可撫軍(一作東)大將軍開府儀同三司。夏五月。遣使入魏朝貢。冬十二月。遣使入魏朝貢。

十八年夏五月。遣使入魏朝貢。

十九年夏閏六月。遣使入魏朝貢。冬十一月。遣使入魏朝貢。

二十一年春三月。遣使入梁朝貢。夏五月。遣使入魏朝貢。秋九月。侵百濟陷加弗、圓山二城。虜獲男女一千餘口。

二十二年春正月。遣使入魏朝貢。夏五月。遣使入魏朝貢。冬十二月。遣使入魏朝貢。

二十三年冬十一月。遣使入魏朝貢。

二十四年冬十月。遣使入魏朝貢。

二十五年夏四月。遣使入梁朝貢。

二十六年夏四月。遣使入魏朝貢。

二十七年春二月。遣使入魏朝貢。三月。暴風拔木。王宮南門自毀。夏四月。遣使入魏朝貢。五月。遣使入魏朝貢。

二十八年。王薨。號爲文咨明王。魏靈太后擧哀於東堂。遣使策贈車騎大將軍。時魏肅宗年十歲。太后臨朝稱制。

安臧王。諱興安。文咨明王之長子。文咨在位七年。立爲太子。二十八年。王薨。太子卽位。

二年春正月。遣使入梁朝貢。二月。梁高祖封王爲寧東將軍都督營平二州諸軍事高句麗王。遣使者江注盛。賜王衣冠劍佩。魏兵就海中執之。送洛陽。魏封王爲安東將軍領護東夷校尉遼東郡開國公高句麗王。秋九月。入梁朝貢。

三年夏四月。王幸卒本。祀始祖廟。五月。王至自卒本。所經州邑貧乏者賜穀人一斛。

五年春。旱。秋八月。遣兵侵百濟。冬十月。饑。發倉賑救。十一月。遣使朝魏進良馬十匹。

八年春三月。遣使入梁朝貢。

九年冬十一月。遣使入梁朝貢。

十一年春三月。王畋於黃城之東。冬十月。王與百濟戰於五谷克之。殺獲二千餘級。

十三年夏五月。王薨。號爲安臧王。（是梁中大通三年。魏普泰元年也。梁書云安臧王在位第八年普通七年卒。誤也。）

安原王。諱寶延。安藏王之弟也。身長七尺五寸。有大量。安臧愛友之。安臧在位十三年薨。無嗣子。故卽位。梁高祖下詔襲爵。

二年春三月。魏帝詔策使持節散騎常侍領護東夷校尉遼東郡開國公高句麗王。賜衣冠車旗之飾。夏四月。遣使入梁朝貢。六月。遣使入魏朝貢。冬十一月。遣使入梁朝貢。

三年春正月。立王子平成爲太子。二月。遣使入魏朝貢。

四年。東魏詔加王驃騎大將軍。餘悉如故。遣使入魏朝貢。

五年春二月。遣使入梁朝貢。夏五月。國南大水。漂沒民屋。死者二百餘人。冬十月。地震。

十二月。雷。大疫。

六年。春夏。大旱。發使撫恤饑民。秋八月。蝗。遣使入東魏朝貢。

七年春三月。民饑。王巡撫賑救。冬十二月。遣使入東魏朝貢。

九年夏五月。遣使入東魏朝貢。

十年秋九月。百濟圍牛山城。王遣精騎五千擊走之。冬十月。桃李華。十二月。遣使入東魏朝貢。

十一年春三月。遣使入梁朝貢。

十二年春三月。大風拔木飛瓦。夏四月。雹。冬十二月。遣使入東魏朝貢。

十三年冬十一月。遣使入東魏朝貢。

十四年冬十一月。遣使入東魏朝貢。

十五年春三月。王薨。號爲安原王。(是梁大同十一年。東魏武定三年也。梁書云。安原以大清二年卒。以其子爲寧東將軍高句麗王樂浪公。誤也。)

陽原王。(或云陽崗上好王) 諱平成。安原王長子。生而聰慧。及壯。雄豪過人。以安原在位三年立爲太子。至十五年王薨。太子卽位。冬十二月。遣使入東魏朝貢。

二年春二月。王都梨樹連理。夏四月。雹。冬十一月。遣使入東魏朝貢。

三年秋七月。改築白巖城。葺新城。遣使入東魏朝貢。

四年春正月。以濊兵六千攻百濟獨山城。新羅將軍朱珍來援。故不克而退。秋九月。丸都進嘉禾。遣使入東魏朝貢。

五年。遣使入東魏朝貢。

六年春正月。百濟來侵。陷道薩城。三月。攻百濟金峴城。新羅人乘間取二城。夏六月。遣使入北齊朝貢。秋九月。北齊封王爲使持節侍中驃騎大將軍領護東夷校尉遼東郡開國公高句麗王。

七年夏五月。遣使入北齊朝貢。秋九月。突厥來圍新城不克。移攻白巖城。王遣將軍高紇領兵一萬拒克之。殺獲一千餘級。新羅來攻取十城。

八年。築長安城。

十年冬。攻百濟熊川城不克。十二月晦。日有食之。無氷。

十一年冬十月。虎入王都。擒之。十一月。太白晝見。遣使入北齊朝貢。

十三年夏四月。立王子陽成爲太子。遂宴羣臣於內殿。冬十月。丸都城干朱理叛伏誅。

十五年春三月。王薨。號爲陽原王。

平原王。（或云平岡上好王）諱陽成。（隋唐書作湯）陽原王長子。有膽力。善騎射。陽原在位十三年立爲太子。十五年王薨。太子卽位。

二年春二月。北齊廢帝封王爲使持節領東夷校尉遼東郡公高句麗王。王幸卒本。祀始祖廟。三月。王至自卒本。所經州郡獄囚除二死皆原之。

三年夏四月。異鳥集宮庭。六月。大水。冬十一月。遣使入陳朝貢。

四年春二月。陳文帝詔授王寧東將軍。

五年夏。大旱。王減常膳。祈禱山川。

六年。遣使入北齊朝貢。

七年春正月。立王子元爲太子。遣使入北齊朝貢。

八年冬十二月。遣使入陳朝貢。

十二年冬十一月。遣使入陳朝貢。

十三年春二月。遣使入陳朝貢。秋七月。王畋於浿河之原。五旬而返。八月。重修宮室。蝗、旱。罷役。

十五年。遣使入北齊朝貢。

十六年春正月。遣使入陳朝貢。

十九年。王遣使入周朝貢。周高祖拜王爲開府儀同三司大將軍遼東郡開國公高句麗王。

二十三年春二月晦。星隕如雨。秋七月。霜雹殺穀。冬十月。民饑。王巡行撫恤。十二月。遣使入隋朝貢。高祖授王大將軍遼東郡

二十四年春正月。遣使入隋朝貢。冬十一月。遣使入隋朝貢。

二十五年春正月。遣使入隋朝貢。二月。下令減不急之事。發使郡邑勸農桑。夏四月。遣使入隋朝貢。冬。遣使入隋朝貢。

二十六年春。遣使入隋朝貢。夏四月。隋文帝宴我使者於大興殿。

二十七年冬十二月。遣使入陳朝貢。

二十八年。移都長安城。

三十二年。王聞陳亡大懼。理兵積穀。爲拒守之策。隋高祖賜王璽書。責以雖稱藩附。誠節未盡。且曰。彼之一方。雖地狹人少。今若黜王。不可虛置。終須更選官屬。就彼安撫。王若洒心易行。率由憲章。卽是朕之良臣。何勞別遣才彥。王謂遼水之廣。何如長江。高句麗之人。多少陳國。朕若不存含育。責王前愆。命一將軍。何待多力。殷勤曉示。許王自新耳。王得書惶恐。將奉表陳謝。而未果。王在位三十二年。冬十月。薨。號曰平原王。（是開皇十年。隋書及通鑑。書高祖賜璽書於開皇十七年。誤也。）

三國史記卷第十九

三國史記卷第二十

輸忠定難靖國贊化同德功臣開府儀同三司檢校太師守太保門下侍中判尙書吏禮部事集賢殿大學士監修國史上柱國致仕臣金富軾奉

宣撰

高句麗本紀第八

嬰陽王
建武王

嬰陽王（一云平陽）諱元。（一云大元）平原王長子也。風神俊爽。以濟世安民自任。平原王在位七年立爲太子。三十二年王薨。太子卽位。隋文帝遣使拜王爲上開府儀同三司。襲爵遼東郡公。賜衣一襲。

二年春正月。遣使入隋。奉表謝恩進奉。因請封王。帝許之。三月。策封爲高句麗王。仍賜車服。夏五月。遣使謝恩。

三年春正月。遣使入隋朝貢。

八年夏五月。遣使入隋朝貢。

九年。王率靺鞨之衆萬餘。侵遼西。營州摠管韋冲擊退之。隋文帝聞而大怒。命漢王諒、王世績並爲元帥。將水陸三十萬來伐。夏六月。帝下詔黜王官爵。漢王諒軍出臨渝關。

値水潦。餽轉不繼。軍中乏食。復遇疾疫。周羅喉自東萊泛海。趣平壤城。亦遭風。舡多漂沒。秋九月。師還。死者十八九。王亦恐懼。遣使謝罪。上表稱遼東糞土臣某。帝於是罷兵。待之如初。百濟王昌遣使奉表。請爲軍導。帝下詔諭以高句麗服罪。朕已赦之。不可致伐。厚其使而遣之。王知其事。侵掠百濟之境。

十一年春正月。遣使入隋朝貢。詔大學博士李文眞。約古史。爲新集五卷。國初始用文字時。有人記事一百卷。名曰留記。至是刪修。

十四年。王遣將軍高勝攻新羅北漢山城。羅王率兵過漢水。城中鼓噪相應。勝以彼衆我寡。恐不克而退。

十八年。初煬帝之幸啓民帳也。我使者在啓民所。啓民不敢隱。與之見帝。黃門侍郎裴矩說帝曰。高句麗本箕子所封之地。漢、晉皆爲郡縣。今乃不臣。別爲異域。先帝欲征之久矣。但楊諒不肖。師出無功。當陛下之時。安可不取使冠帶之境。遂爲蠻貊之鄉乎。今其使者親見啓民擧國從化。可因其恐懼。脅使入朝。帝從之。勅牛弘宣旨曰。朕以啓民誠心奉國。故親至其帳。明年當往涿郡。爾還日語爾王。宜早來朝。勿自疑懼。存育之禮當如啓民。苟或不朝。將帥啓民。往巡彼土。王懼。藩禮頗闕。帝將討之。啓民、突厥可汗也。

夏五月。遣師攻百濟松山城。不下。移襲石頭城。虜男女三千而還。

十九年春二月。命將襲新羅北境。虜獲八千人。夏四月。拔新羅牛鳴山城。

二十二年春二月。煬帝下詔討高句麗。夏四月。車駕至涿郡之臨朔宮。四方兵皆集涿郡。

二十三年春正月壬午。帝下詔曰。高句麗小醜。迷昏不恭。崇聚勃碣之間。荐食遼濊之境。雖復漢魏誅戮。巢穴暫傾。亂離多阻。種落還集。萃川藪於往代。播實繁以訖今。睠彼華壤。翦爲夷類。歷年永久。惡稔既盈。天道禍淫。亡徵已兆。亂常敗德。非可勝圖。掩慝懷姦。唯日不足。移告之嚴。未嘗面受。朝覲之禮。莫肯躬親。誘納亡叛。不知紀極。充斥邊垂。亟勞烽候。關柝以之不靜。生人爲之廢業。在昔薄伐。已漏天網。既緩前禽之戮。未卽後服之誅。曾不懷恩。翻爲長惡。乃兼契丹之黨。虔劉海戍。習靺鞨之服。侵軼遼西。又青丘之表。咸修職貢。碧海之濱。同稟正朔。遂復敓攘琛賮。遏絕往來。虐及弗辜。誠而遇禍。輶車奉使。爰暨海東。旌節所次。途經藩境。而擁塞道路。拒絕王人。無事君之心。豈爲臣之禮。此而可忍。孰不可容。且法令苛酷。賦斂煩重。强臣豪族。咸執國鈞。朋黨比周。以之成俗。賄貨如市。寃枉莫申。重以仍歲災凶。比屋饑饉。兵戈不息。徭役無期。力竭轉輸。身塡溝壑。百姓愁苦。爰誰適從。境內哀惶。不勝其弊。廻首面內。各懷性命之圖。黃髮稚齒。咸與酷毒之歎。省俗觀風。爰届幽朔。弔人問罪。無俟再駕。於是親總六師。用申九伐。拯厥阽危。協從天意。殄玆逋穢。剋嗣先謨。今宜授律啓行。分麾屆路。掩渤海而雷震。歷扶餘以電掃。比干按甲。誓旅而後行。三令五申。必勝而後戰。左十二軍。出鏤方、長岑、溟海、蓋馬、建安、南蘇、遼東、玄菟、扶餘、朝鮮、沃沮、樂浪等道。右十二軍。出黏蟬、含資、渾彌、臨屯、候城、提奚、踏頓、肅愼、碣石、東暆、帶方、襄平等道。絡驛引途。摠集平壤。凡一百十三萬三千八百人。號二百萬。其餽輸者倍之。宜社於南桑乾水上。類上帝於臨朔宮南。祭馬祖於薊城北。帝親授節度。每軍上將亞將各一人。騎兵四十隊。隊百人。十隊爲團。步卒八十隊。分爲四團。團各有偏將一人。其鎧冑纓拂旗旛。每團異色。日遣一軍。相去四十里。連營漸進。終四十日發乃盡。首尾相繼。鼓角相聞。旌旗亘九百六十里。御營內合十二衞。三臺五省九寺分隷。內外前後左右六軍次後發。又亘八十里。近古出師之盛。未之有也。二月。帝御師進至遼水。衆軍摠會。臨水爲大陣。我兵阻水拒守。隋兵不得濟。帝命工部尙書宇文愷。造浮橋三道於遼水西岸。旣成。引橋趣東岸。短不及岸丈餘。我兵大至。隋兵驍勇者。爭赴水接戰。我兵乘高擊之。隋兵不得登岸。死者甚衆。麥鐵杖躍登岸。與錢士雄、孟叉等皆戰死。乃斂兵引橋。復就西岸。更命少府監何稠接橋。二日而成。諸軍相次繼進。大戰于東岸。我兵大敗。死者萬計。諸軍乘勝。進圍遼東城。則漢之襄平城也。車駕到遼。下詔赦天下。命刑部尙書衞文昇等。撫遼左之民。給復十年。建置郡縣。以相統攝。夏五月。初諸將之東下也。帝戒之曰。凡軍事進止。皆須奏聞待報。無得專擅。遼東數出戰不利。乃嬰城固守。帝命諸軍攻之。又勅諸將。高句麗若降。則宜撫納。不得縱兵。遼東城將陷。城中人輒言請降。諸將奉旨。不敢赴期。先令馳奏。比報至。城中守禦亦備。隨出拒戰。如此再三。帝終不悟。旣而城久不下。六月己未。帝幸遼東城南。觀其城池形勢。因召諸將詰責之曰。公等自以官高。又恃家世。欲以暗懦待我邪。在都之日。公等皆不願我來。恐見病敗耳。我今來此。正欲觀公等所爲。斬公輩爾。公今畏死。莫肯盡力。謂我不能殺公邪。諸將咸戰懼失色。帝因留止城西數里。御六合城。我諸城堅守不下。左翊衛大將軍來護兒帥江淮水軍。舳艫數百里浮海。先進入自浿水。去平壤六十里。與我軍相遇。進擊大破之。護兒欲乘勝趣其城。副摠管周法尙止之。請俟諸軍至俱進。護兒不聽。簡精甲數萬。直造城下。我將伏兵於羅郭內空寺中。出兵與護兒戰而僞敗。護兒逐之入城。縱兵俘掠。無復部伍。伏兵發。護兒大敗。僅而獲免。士卒還者不過數千人。我軍追至舡所。周法尙整陣待之。我軍乃退。護兒引兵還屯海浦。不敢復留應接諸軍。左翊衛大將軍宇文述出扶餘道。右翊衛大將軍于仲文出樂浪道。左驍衛大將軍荊元恒出遼東道。右翊衛大將軍薛世雄出沃沮道。右屯衛將軍辛世雄出玄菟道。右禦衛將軍張瑾出襄平道。右武候將軍趙孝才出碣石道。涿郡太守檢校左武衛將軍崔弘昇出遂城道。檢校右禦衛虎賁郎將衛文昇出增地道。皆會於鴨淥水西。述等兵自瀘河、懷遠二鎭。人馬皆給百日糧。又給排甲槍矟幷衣資戎具火幕。人別三石已上。重莫能勝致。下令軍中。遺棄米粟者斬。士卒皆於幕下掘坑埋之。纔行及中路。糧已將盡。王遣大臣乙支文德詣其營詐降。實欲觀虛實。于仲文先奉密旨。若遇王及文德來者必擒之。仲文將執之。尙書右丞劉士龍爲慰撫使。固止之。仲文遂聽文德還。旣而悔之。遣人紿文德曰。更欲有言。可復來。文德不顧。濟鴨淥水而去。仲文與述等旣失文德。內不自安。述以糧盡欲還。仲文議以精銳追文德。可以有功。述固止之。仲文怒曰。將軍仗十萬之衆。不能破小賊。何顔以見帝。且仲文此行。固知無功。何則古之良將能成功者。

軍中之事決在一人。今人各有心。何以勝敵。時帝以仲文有計畫。令諸軍諮稟節度。故有此言。由是述等不得已而從之。與諸將渡水追文德。文德見述軍士有饑色。故欲疲之。每戰輒走。述一日之中七戰皆捷。旣恃驟勝。又逼羣議。於是遂進東濟薩水。去平壤城三十里。因山爲營。文德復遣使詐降。請於述曰。若旋師者。當奉王朝行在所。述見士卒疲弊不可復戰。又平壤城險固。度難猝拔。遂因其詐而還。述等爲方陣而行。我軍四面鈔擊。述等且戰且行。秋七月。至薩水。軍半濟。我軍自後擊其後軍。右屯衛將軍辛世雄戰死。於是諸軍俱潰。不可禁止。將士奔還。一日一夜至鴨淥水。行四百五十里。將軍天水王仁恭爲殿。擊我軍却之。來護兒聞述等敗。亦引還。唯衛文昇一軍獨全。初九軍到遼。凡三十萬五千。及還至遼東城。唯二千七百人。資儲器械巨萬計。失亡蕩盡。帝大怒。鎖繫述等。癸卯。引還。初百濟王璋遣使請討高句麗。帝使之覘我動靜。璋內與我潛通。隋軍將出。璋使其臣國知牟入隋請師期。帝大悅。厚加賞賜。遣尚書起部郎席律詣百濟。告以期會。及隋軍渡遼。百濟亦嚴兵境上。聲言助隋。實持兩端。是行也。唯於遼水西。拔我武厲邏。置遼東郡及通定鎭而已。

二十四年春正月。帝詔徵天下兵集涿郡。募民爲驍果。修遼東古城。以貯軍糧。二月。帝謂侍臣曰。高句麗小虜。侮慢上國。今拔海移山。猶望克果。況此虜乎。乃復議伐。左光祿大夫郭榮諫曰。戎狄失禮。臣下之事。千鈞之弩。不爲鼷鼠發機。奈何親辱萬乘。以敵小寇乎。帝不聽。夏四月。車駕度遼。遣宇文述與楊義臣趣平壤。王仁恭出扶餘道。進軍至新城。我兵數萬拒戰。仁恭帥勁騎一千擊破之。我軍嬰城固守。帝命諸將攻遼東。聽以便宜從事。飛樓橦雲梯地道。四面俱進。晝夜不息。我應變拒之。二十餘日不拔。主客死者甚衆。衝梯竿長十五丈。驍果沈光升其端。臨城與我軍戰。短兵接。殺十數人。我軍競擊之。而墜未及地。適遇竿有垂絚。光接而復上。帝望見壯之。卽拜朝散大夫。遼東城久不下。帝遣造布囊百餘萬口。滿貯土欲積爲魚梁大道。濶三十步。高與城齊。使戰士登而攻之。又作八輪樓車。高出於城。夾魚梁道。欲俯射城內。指期將攻。城內危蹙。會楊玄感叛書至。帝大懼。又聞達官子弟皆在玄感所。益憂之。兵部侍郎斛斯政素與玄感善。內不自安來奔。帝夜密召諸將。使引軍還。軍資器械攻具積如丘山。營壘帳幕案堵不動。衆心恟懼。無復部分。諸道分散。我軍卽時覺之。然不敢出。但於城內鼓噪。至來日午時。方漸出外。猶疑隋軍詐之。經二日乃出數千兵追躡。畏隋軍之衆不敢逼。常相去八九十里。將至遼水。知御營畢度。乃敢逼後軍。時後軍猶數萬人。我軍隨而鈔擊。殺略數千人。

二十五年春二月。帝詔百寮。議伐高句麗。數日無敢言者。詔復徵天下兵。百道俱進。秋七月。車駕次懷遠鎭。時天下已亂。所徵兵多失期不至。吾國亦困弊。來護兒至卑奢城。我兵逆戰。護兒擊克之。將趣平壤。王懼。遣使乞降。因送斛斯政。帝大悅。遣使持節。召護兒還。八月。帝自懷遠鎭班師。冬十月。帝還西京。以我使者及斛斯政告大廟。仍徵王入朝。王竟不從。勅將帥嚴裝更圖後擧。竟不果行。

二十九年秋九月。王薨。號曰嬰陽王。

榮留王。諱建武。一云成。嬰陽王異母弟也。嬰陽在位二十九年薨。即位。

二年春二月。遣使如唐朝貢。夏四月。王幸卒本。祀始祖廟。五月。王至自卒本。

四年秋七月。遣使如唐朝貢。

五年。遣使如唐朝貢。唐高祖感隋末戰士多陷於此。賜王詔書曰。朕恭膺寶命。君臨率土。祗順三靈。懷柔萬國。普天之下。情均撫字。日月所炤。咸使乂安。王統攝遼左。世居藩服。思稟正朔。遠循職貢。故遣使者。跋涉山川。申布誠懇。朕甚嘉焉。方今六合寧晏。四海清平。玉帛既通。道路無壅。方申緝睦。永敦聘好。各保疆埸。豈非盛美。但隋氏季年。連兵構難。攻戰之所。各失其氓。遂使骨肉乖離。室家分析。多歷年歲。怨曠不申。今二國通和。義無阻異。在此所有高句麗人等。已令追括。尋即遣送。彼處所有此國人者。王可放還。務盡綏育之方。共弘仁恕之道。於是悉搜括華人以送之。數至萬餘。高祖大喜。

六年冬十二月。遣使如唐朝貢。

七年春二月。王遣使如唐請班曆。遣刑部尚書沈叔安。策王爲上柱國遼東郡公高句麗國王。命道士以天尊像及道法。往爲之講老子。王及國人聽之。冬十二月。遣使入唐朝貢。

八年。王遣人入唐。求學佛老教法。帝許之。

九年。新羅、百濟遣使於唐上言。高句麗閉道。使不得朝。又屢相侵掠。帝遣散騎侍郎朱子奢。持節諭和。王奉表謝罪。請與二國平。
十一年秋九月。遣使入唐。賀太宗擒突厥頡利可汗。兼上封域圖。
十二年秋八月。新羅將軍金庾信來侵東邊。破娘臂城。九月。遣使入唐朝貢。
十四年。唐遣廣州司馬長孫師。臨瘞隋戰士骸骨祭之。毁當時所立京觀。春二月。王動衆築長城。東北自扶餘城。東南至海千有餘里。凡一十六年畢功。
二十一年冬十月。侵新羅北邊七重城。新羅將軍閼川逆之。戰於七重城外。我兵敗衂。
二十三年春二月。遣世子桓權入唐朝貢。太宗勞慰。賜賚之特厚。王遣子弟入唐。請入國學。秋九月。日無光。經三日復明。
二十四年。帝以我太子入朝。遣職方郎中陳大德答勞。大德入境。所至城邑以綾綺厚餉官守者曰。吾雅好山水。此有勝處。吾欲觀之。守者喜導之。遊歷無所不至。由是悉得其纖曲。見華人隋末從軍沒留者。爲道親戚存亡。人人垂涕。故所至士女夾道觀之。王盛陳兵衛。引見使者。大德因奉使覘國虛實。吾人不知。大德還奏。帝悅。大德言於帝曰。其國聞高昌亡大懼。館候之勤。加於常數。帝曰。高句麗本四郡地耳。吾發卒數萬攻遼東。彼必傾國救之。別遣舟師出東萊。自海道趨平壤。水陸合勢。取之不難。但山東州縣凋瘵未復。吾不欲勞之耳。
二十五年春正月。遣使入唐朝貢。王命西部大人蓋蘇文監長城之役。冬十月。蓋蘇文弑王。十一月。太宗聞王死。擧哀於苑中。詔贈物三百段。遣使持節弔祭。

三國史記卷第二十

三國史記卷第二十一

輸忠定難靖國贊化同德功臣開府儀同三司檢校太師守太保門下侍中判尚書吏禮部事集賢殿大學士監修國史上柱國致仕臣金富軾奉
宣撰

高句麗本紀第九

寶臧王上

王諱臧。或云寶臧 以失國故無謚。建武王弟大陽王之子也。建武王在位第二十五年蓋蘇文弑之。立臧繼位。新羅謀伐百濟。遣金春秋乞師。不從。

二年春正月。封父爲王。遣使入唐朝貢。三月。蘇文告王曰。三敎譬如鼎足。闕一不可。今儒釋並興。而道敎未盛。非所謂備天下之道術者也。伏請遣使於唐。求道敎以訓國人。大王深然之。奉表陳請。太宗遣道士叔達等八人。兼賜老子道德經。王喜。取僧寺館之。閏六月。唐太宗曰。蓋蘇文弑其君而專國政。誠不可忍。以今日兵力取之不難。但不欲勞百姓。吾欲使契丹靺鞨擾之何如。長孫無忌曰。蘇文自知罪大。畏大國之討。嚴設守備。陛下姑爲之隱忍。彼得以自安。必更驕惰。愈肆其惡。然後討之。未晩也。帝曰善。遣使持節備禮冊命。詔曰。懷遠之規。前王令典。繼世之義。列代舊章。高句麗國王臧。器懷韶敏。識字詳正。早習禮教。德義有聞。肇承藩業。誠款先著。宜加爵命。允玆故實。可上柱國遼東郡公高句麗王。秋九月。新羅遣使於唐。言百濟攻取我四十餘城。復與高句麗連兵。謀絕入朝之路。乞兵救援。十五日。夜明不見月。衆星西流。

三年春正月。遣使入唐朝貢。帝命司農丞相里玄奬賫璽書賜王曰。新羅委質國家。朝貢不乏。爾與百濟。各宜戢兵。若更攻之。明年發兵擊爾國矣。玄奬入境。蓋蘇文已將兵擊新羅。破其兩城。王使召之。乃還。玄奬諭以勿侵新羅。蓋蘇文謂玄奬曰。我與新羅怨隙已久。往者隋人入寇。新羅乘釁奪我地五百里。其城邑皆據有之。自非歸我侵地。兵恐未能已。玄奬曰。既往之事。焉可追論。今遼東諸城。本皆中國郡縣。中國尚且不言。高句麗、豈得必求故地。莫離支竟不從。玄奬還。具言其狀。太宗曰。蓋蘇文弑其君。賊其大臣。殘虐其民。今又違我詔命。不可以不討。秋七月。帝將出兵。勑洪、饒、江三州。造船四百艘。以載軍粮。遣營州都督張儉等。帥幽、營二都督兵及契丹、奚、靺鞨。先擊遼東。以觀其勢。以大理卿韋挺爲餽輸使。自河北諸州皆受挺節度。聽以便宜從事。又命少卿蕭銳轉河南諸州糧入海。九月。莫離支貢白金於唐。褚遂良曰。莫離支弑其君。九夷所不容。今將討之。而納其金。此郜鼎之類也。臣謂不可受。帝從之。使者又言。莫離支遣官五十入宿衛。帝怒謂使者曰。汝曹皆事高武有官爵。莫離支弑逆。汝曹不能復讎。今更爲之遊說。以欺大國。罪孰大焉。悉以屬大理。冬十月。平壤雪色赤。帝欲自將討之。召長安耆老。勞曰。遼東故中國地。而莫離支賊殺其主。朕將自行經略之。故與父老約。子若孫從我行者。我能拊循之。無容恤也。則厚賜布粟。羣臣皆勸帝毋行。帝曰。吾知之矣。去本以趣末。捨高以取下。釋近而之遠。三者爲不祥。伐高句麗是也。然蓋蘇文弑君。又戮大臣以逞。一國之人。延頸待救。議者顧未亮耳。於是北輸粟營州。東儲粟古大人城。十一月。帝至洛陽。前宜州刺史鄭天璹已致仕。帝以其嘗從隋煬帝伐高句麗。召詣行在問之。對曰。遼東道遠。糧轉艱阻。東夷善守城。不可猝下。帝曰。今日非隋之比。公但聽之。以刑部尙書張亮爲平壤道行軍大摠管。帥江淮嶺硤兵四萬。長安洛陽募士三千。戰艦五百艘。自萊州泛海趣平壤。又以太子詹事左衛率李世勣爲遼東道行軍大摠管。帥步騎六萬及蘭河二州降胡趣遼東。兩軍合勢。大集於幽州。遣行軍摠管江行本、少監丘行淹先督衆士。造梯衝於安羅山。時遠近勇士應募及獻攻城器械者。不可勝數。帝皆親加損益。取其便易。又手詔諭天下。以高句麗蓋蘇文弑主虐民。情何可忍。今欲巡幸幽薊。問罪遼碣。所過營頓無爲勞費。且言。昔隋煬帝殘暴其下。高句麗王仁愛其民。以思亂之軍。擊安和之衆。故不能成功。今略言必勝之道有五。一曰、以大擊小。二曰、以順討逆。三曰、以理乘亂。四曰、以逸敵勞。五曰、以悅當怨。何憂不克。布告元元。勿爲疑懼。於是凡頓舍供備之具。減者太半。詔諸軍及新羅、百濟、奚、契丹。分道擊之。

四年春正月。李世勣軍至幽州。三月。帝至定州。謂侍臣曰。遼東本中國之地。隋氏四出師。而不能得。朕今東征。欲爲中國報子弟之讎。高句麗雪君父之耻耳。且方隅大定。唯此未平。故及朕之未老。用士大夫餘力以取之。帝發定州。親佩弓矢。手結雨衣於鞍後。

李世勣軍發柳城。多張形勢。若出懷遠鎭者。而潛師北趣甬道。出我不意。夏四月。世勣自通定濟遼水至玄菟。我城邑大駭。皆閉門自守。副大摠管江夏王道宗將兵數千至新城。折衝都尉曹三良引十餘騎直壓城門。城中驚擾無敢出者。營州都督張儉將胡兵爲前鋒。進度遼水。趨建安城。破我兵殺數千人。李世勣、江夏王道宗攻蓋牟城。拔之。獲一萬人、糧十萬石。以其地爲蓋州。張亮帥舟師自東萊渡海。襲卑沙城。城四面懸絕。惟西門可上。程名振引兵夜至。副摠管王大度先登。五月。城陷。男女八千口沒焉。李世勣進至遼東城下。帝至遼澤。泥淖二百餘里。人馬不可通。將作大匠閻立德布土作橋。軍不留行。度澤東。王發新城、國內城步騎四萬救遼東。江夏王道宗將四千騎逆之。軍中皆以爲衆寡懸絕。不若深溝高壘以待車駕之至。道宗曰。賊恃衆有輕我心。遠來疲頓。擊之必敗。當淸路以待乘輿。乃更以賊遺君父乎。都尉馬文擧曰。不遇勍敵。何以顯壯士。策馬奔擊。所向皆靡。衆心稍安。旣合戰。行軍摠管張君乂退走。唐兵敗衄。道宗收散卒。登高而望見。我軍陣亂。與驍騎數千衝之。李世勣引兵助之。我軍大敗。死者千餘人。帝度遼水。撤橋以堅士卒之心。軍於馬首山。勞賜江夏王道宗。超拜馬文擧中郞將。斬張君乂。帝自將數百騎。至遼東城下。見士卒負土塡塹。帝分其尤重者。於馬上持之。從官爭負土置城下。李世勣攻遼東城。晝夜不息。旬有二日。帝引精兵會之。圍其城數百重。鼓噪聲振天地。城有朱蒙祠。祠有鎖甲銛矛。妄言前燕世天所降。方圍急。飾美女以婦神。巫言。朱蒙悅。城必完。勣列砲車。飛大石過三百步。所當輒潰。吾人積木爲樓。結紐罔。不能拒。以衝車撞陴屋碎之。時百濟上金髹鎧。又以玄金爲文鎧。士被以從。帝與勣會。甲光炫日。南風急。帝遣銳卒登衝竿之末。爇其西南樓。火延燒城中。因揮將士登城。我軍力戰不克。死者萬餘人。見捉勝兵萬餘人、男女四萬口、糧五十萬石。以其城爲遼州。李世勣進攻白巖城西南。帝臨其西北。城主孫代音潛遣腹心請降。臨城投刀鉞爲信。曰奴願降。城中有不從者。帝以唐幟與其使曰。必降者。宜立之城上。代音立幟。城中人以爲唐兵已登城。皆從之。帝之克遼東也。白巖城請降。既而中悔。帝怒其反覆。令軍中曰。得城當悉以人物賞戰士。李世勣見帝將受其降。帥甲士數十人請曰。士卒所以爭冒矢石、不顧其死者。貪虜獲耳。今城垂拔。奈何更受其降。孤戰士之心。帝下馬謝曰。將軍言是也。然縱兵殺人。而虜其妻孥。朕所不忍。將軍麾下有功者。朕以庫物賞之。庶因將軍贖此一城。世勣乃退。得城中男女萬餘口。臨水設幄受其降。仍賜之食。八十已上賜帛有差。他城之兵在白巖者。悉慰諭給糧仗。任其所之。先是遼東城長史爲部下所殺。其省事奉其妻子奔白巖。帝憐其有義。賜帛五匹。爲長史造靈輿歸之平壤。以白巖城爲巖州。以孫代音爲刺史。初莫離支遣加尸城七百人戍蓋牟城。李世勣盡虜之。其人請從軍自效。帝曰。汝家皆在加尸。汝爲我戰。莫離支必殺汝妻子。得一人之力。而滅一家。吾不忍也。皆廩賜遣之。以蓋牟城爲蓋州。帝至安市城。進兵攻之。北部耨薩高延壽、南部耨薩高惠眞、帥我軍及靺鞨兵十五萬、救安市。帝謂侍臣曰。今爲延壽策有三。引兵直前。連安市城爲壘。據高山之險。食城中之粟。縱靺鞨掠吾牛馬。攻之不可猝下。欲歸則泥潦爲阻。坐困吾軍。上策也。拔城中之衆。與之宵遁。中策也。不度智能。來與吾戰。下策也。卿曹觀之。彼必出下策。成擒在吾目中矣。時對盧高正義年老習事。謂延壽曰。秦王內芟羣雄。外服戎狄。獨立爲帝。此命世之才。今據海內之衆而來。不可敵也。爲吾計者。莫若頓兵不戰。曠日持久。分遣奇兵。斷其糧道。糧食既盡。求戰不得。欲歸無路。乃可勝。延壽不從。引軍直進。去安市城四十里。帝恐其低徊不至。命大將軍阿史那杜尒。將突厥千騎以誘之。兵始交而僞走。延壽曰。易與耳。競進乘之。至安市城東南八里。依山而陣。帝悉召諸將問計。長孫無忌對曰。臣聞臨敵將戰。必先觀士卒之情。臣適行經諸營。見士卒聞高句麗至、皆拔刀結旆、喜形於色。此必勝之兵也。陛下未冠。身親行陣。凡出奇制勝。皆上稟聖謀。諸將奉成算耳。今日之事。乞陛下指蹤。帝笑曰。諸公以此見讓。朕當爲諸公商度。乃與無忌等從數百騎。乘高望之。觀山川形勢、可以伏兵及出入之所。我軍與靺鞨合兵爲陣。長四十里。帝望之有懼色。江夏王道宗曰。高句麗傾國以拒王師。平壤之守必弱。願假臣精卒五千。覆其本根。則數十萬之衆可不戰而降。帝不應。遣使紿延壽曰。我以爾國强臣弑其主。故來問罪。至於交戰。非吾本心。入爾境。芻粟不給。故取爾數城。俟爾國修臣禮。則所失必復矣。延壽信之。不復設備。帝夜召文武計事。命李世勣將步騎萬五千陣於西嶺。長孫無忌、牛進達將精兵萬一千爲奇兵。自山北出於狹谷。以衝其後。帝自將步騎四千。挾鼓角偃旗幟登山。帝勅諸軍。聞鼓角齊出奮擊。因命有司張受降幕於朝堂之側。是夜流星墜延壽營。旦日延壽等獨見李世勣軍少。勒兵欲戰。帝望見無忌軍塵起。命作鼓角擧旗幟。諸軍鼓噪並進。延壽等懼。欲分兵禦之。而其陣已亂。會有雷電。龍門人薛仁貴著奇服。大呼陷陣。所向無敵。我軍披靡。大軍乘之。我軍大潰。死者三萬餘人。帝望見仁貴。拜遊擊將軍。延壽等將餘衆、依山自固。帝命諸軍圍之。長孫無忌悉撤橋梁。斷其歸路。延壽、惠眞帥其衆三萬六千八百人請降。入軍門拜伏請命。帝簡耨薩已下官長三千五百人遷之內地。餘皆縱之。使還平壤。收靺鞨三千三百人悉坑之。獲馬五萬匹、牛五萬頭、明光鎧萬領。它器械稱是。更名所幸山曰駐蹕山。以高延壽爲鴻臚卿。高惠眞爲司農卿。帝之克白巖也。謂李世勣曰。吾聞安市城險而兵精。其城主材勇。莫離支之亂。城守不服。莫離支擊之。不能下。因而與之。建安兵弱而糧少。若出其不意。攻之必克。公可先攻建安。建安下則安市在吾腹中。此兵法所謂城有所不攻者也。對曰。建安在南。安市在北。吾軍糧皆在遼東。今踰安市而攻建安。若麗人斷吾糧道。將若之何。不如先攻安市。安市下。則鼓行而取建安耳。帝曰。以公爲將。安得不用公策。勿誤吾事。世勣遂攻安市。安市人望見帝旗蓋。輒乘城鼓噪。帝怒。世勣請克城之日男子皆坑之。安市人聞之益堅守。攻久不下。高延壽、高惠眞請於帝曰。奴旣委身大國。不敢不獻其誠。欲天子早成大功。奴得與妻子相見。安市人顧惜其家。人自爲戰。未易猝拔。今奴以高句麗十餘萬衆。望旗沮潰。國人膽破。烏骨城耨薩老耄不能堅守。移兵臨之。朝至夕克。其餘當道小城。必望風奔潰。然後收其資糧。鼓行而前。平壤必不守矣。羣臣亦言。張亮兵在沙城。召之信宿可至。乘高句麗倘憚。併力拔烏骨城。度鴨淥水。直取平壤。在此舉矣。帝將從之。獨長孫無忌以爲、天子親征異於諸將。不可乘危徼幸。今建安、新城之虜衆猶十萬。若回烏骨皆躡吾後。不如先破安市取建安。然後長驅而進。此萬全之策也。帝乃止。諸將急攻安市。帝聞城中雞彘聲。謂世勣曰。圍城積久。城中烟火日微。今雞彘甚喧。此必饗士欲夜出襲我。宜嚴兵備之。是夜我軍數百人縋城而下。帝聞之。自至城下。召兵急擊。我軍死者數十人。餘軍退走。江夏王道宗督衆築土山於城東南隅。浸逼其城。城中亦增高其城。以拒之。士卒分番。交戰日六七合。衝車礮石壞其樓堞。城中隨立木柵。以塞其缺。道宗傷足。帝親爲之針。築山晝夜不息。凡六旬。用功五十萬。山頂去城數丈。下臨城中。道宗使果毅傅伏愛將兵屯山頂。以備敵。山頹壓城。城崩。會伏愛私離所部。我軍數百人從城缺出戰。遂奪據土山。塹而守之。帝怒。斬伏愛以徇。命諸將攻之三日不能克。道宗徒跣詣旗下請罪。帝曰。汝罪當死。但朕以漢武殺王恢、不如秦穆用孟明。且有破蓋牟、遼東之功。故特赦汝耳。帝以遼左早寒、草枯水凍、士馬難久留、且糧食將盡。勅班師。先拔遼、蓋二州戶口。度遼。乃耀兵於安市城下、而旋。城中皆屛跡不出。城主登城拜辭。帝嘉其固守。賜縑百匹。以勵事君。命世勣、道宗將步騎四萬爲殿。至遼東度遼水。遼澤泥潦。車馬不通。命無忌將萬人翦草塡道。水深處以車爲梁。帝自繫薪於馬鞘以助役。冬十月。帝至蒲溝駐馬。督塡道。諸軍渡渤錯水。暴風雪。士卒沾濕。多死者。勅燃火於道以待之。凡拔玄菟、橫山、蓋牟、磨米、遼東、白巖、卑沙、夾谷、銀山、後黃十城。徙遼、蓋、巖三州戶口。入中國者七萬人。高延壽自降後常憤歎。尋以憂死。惠眞竟至長安。新城、建安、駐蹕三大戰。我軍及唐兵馬死亡者甚衆。帝以不能成功深悔之。嘆曰。魏徵若在。不使我有是行也。

論曰。唐太宗聖明不世出之君。除亂比於湯武。致理幾於成康。至於用兵之際。出奇無窮。所向無敵。而東征之功敗於安市。則其城主可謂豪傑非常者矣。而史失其姓名。與楊子所云齊魯大臣史失其名無異。甚可惜也。

五年春二月。太宗還京師。謂李靖曰。吾以天下之衆。困於小夷。何也。靖曰。此道宗所解。帝顧問。道宗具陳在駐蹕時乘虛取平壤之言。帝悵然曰。當時悤悤吾不憶也。夏五月。王及莫離支蓋金遣使謝罪。并獻二美女。帝還之。謂使者曰。色者人所重。然愍其去親戚以傷乃心。我不取也。東明王母塑像泣血三日。初帝將還。帝以弓服賜蓋蘇文。受之不謝。而又益驕恣。雖遣使奉表。其言率皆詭誕。又待唐使者倨傲。常窺伺邊隙。屢勑令不攻新羅。而侵凌不止。太宗詔勿受其朝貢。更議討之。

三國史記卷第二十一

三國史記卷第二十二

輸忠定難靖國贊化同德功臣開府儀同三司檢校大師守大保門下侍中判尚書吏禮部事集賢殿大學士監修國史上柱國致仕臣金富軾奉

宣撰

高句麗本紀第十

寶藏王 下

六年。太宗將復行師。朝議以爲高句麗依山爲城。不可猝拔。前大駕親征。國人不得耕種。所克之城實收其穀。繼以旱災。民太半乏食。今若數遣偏師。更迭擾其疆埸。使彼疲於奔命。釋耒入堡。數年閒。千里蕭條。則人心自離。鴨淥之北。可不戰而取矣。帝從之。以左武衛大將軍牛進達爲青丘道行軍大摠管。右武衛將軍李海岸副之。發兵萬餘人。乘樓舡。自萊州泛海而入。又以太子詹事李世勣爲遼東道行軍大摠管。右武衛將軍孫貳朗等副之。將兵三千人。因營州都督府兵。自新城道入。兩軍皆選習水善戰者配之。李世勣軍旣度遼。歷南蘇等數城。皆背城拒戰。世勣擊破之。焚其羅郭而還。秋七月。牛進達、李海岸入我境。凡百餘戰。攻石城拔之。進至積利城下。我兵萬餘人出戰。李海岸擊克之。我軍死者三千人。太宗勑宋州刺史王波利等。發江南十二州工人。造大舡數百艘。欲以伐我。冬十二月。王使第二子莫離支任武入謝罪。帝許之。

七年春正月。遣使入唐朝貢。帝詔右武衛大將軍薛萬徹爲青丘道行軍大摠管。右衛將軍裴行方副之。將兵三萬餘人及樓舡戰艦。自萊州浮海來擊。夏四月。烏胡鎮將古神感將兵浮海來擊。遇我步騎五千。戰於易山破之。其夜我軍萬餘人襲神感舡。神感伏發乃敗。帝謂我因弊。議以明年發三十萬衆、一擧滅之。或以爲大軍東征。須備經歲之糧。非畜乘所能載。宜具舟艦爲水轉。隋末劒南獨無寇盜。屬者遼東之役。劒南復不預及。其百姓富庶。宜使之造舟艦。帝從之。秋七月。王都女産子。一身兩頭。太宗遣左領左右府長史强偉於劒南道。伐木造舟艦。大者或長百尺。其廣半之。別遣使行水道。自巫峽抵江楊趣萊州。九月。羣獐渡河西走。羣狼向西行。三日不絶。太宗遣將軍薛萬徹等來伐。渡海入鴨渌。至泊灼城南四十里止營。泊灼城主所夫孫帥步騎萬餘拒之。萬徹遣右衛將軍裴行方。領步卒及諸軍乘之。我兵潰。行方等進兵圍之。泊灼城因山設險。阻鴨渌水以爲固。攻之不拔。我將高文率烏骨、安地諸城兵三萬餘人來援。分置兩陣。萬徹分軍以當之。我軍敗潰。帝又詔萊州刺史李道裕。轉糧及器械。貯於烏胡島。將欲大擧。

八年夏四月。唐太宗崩。遺詔罷遼東之役。

論曰。初太宗有事於遼東也。諫者非一。又自安市旋軍之後。自以不能成功深悔之。歎曰。若使魏徵在。不使我有此行也。及其將復伐也。司空房玄齡病中上表。諫以爲老子曰知足不辱、知止不殆。陛下威名功德旣云足矣。拓地開疆亦可止矣。且陛下每決一重囚。必令三復五奏。進素膳止音樂者。重人命也。今驅無罪之士卒。委之鋒刃之下。使肝腦塗地。獨不足愍乎。嚮使高句麗違失臣節。誅之可也。侵擾百姓。滅之可也。他日能爲中國患。除之可也。今無此三條。而坐煩中國。內爲前代雪恥。外爲新羅報讐。豈非所存者小、所損者大乎。願陛下許高句麗自新。焚凌波之舡。罷應募之衆。自然華夷慶賴。遠肅邇安。梁公將死之言。諄諄若此。而帝不從。思欲丘墟東域而自快。死而後已。史論曰。好大喜功。勤兵於遠者。非此之謂乎。柳公權小說曰。駐蹕之役。高句麗與靺鞨合軍方四十里。太宗望之有懼色。又曰。六軍爲高句麗所乘。殆將不振。候者告英公之麾黑旗被圍。帝大恐。雖終於自脫。而危懼如彼。而新舊書及司馬公通鑑不言者。豈非爲國諱之者乎。

九年夏六月。盤龍寺普德和尙以國家奉道、不信佛法。南移完山孤大山。秋七月。霜雹害穀。民饑。

十一年春正月。遣使入唐朝貢。

十三年夏四月。人或言。於馬嶺上見神人。曰。汝君臣奢侈無度。敗亡無日。冬十月。王遣將安固出師及靺鞨兵擊契丹。松漠都督李窟哥禦之。大敗我軍於新城。

十四年春正月。先是我與百濟靺鞨侵新羅北境。取三十三城。新羅王金春秋遣使於唐求援。二月。高宗遣營州都督程名振、左衛中郎將蘇定方將兵。來擊。夏五月。程名振等渡遼水。吾人見其兵少。開門度貴端水逆戰。名振等奮擊大克之。殺獲千餘人。焚其外郭及村落而歸。

十五年夏五月。王都雨鐵。冬十二月。遣使入唐。賀冊皇太子。

十七年夏六月。唐營州都督兼東夷都護程名振、右領軍中郎將薛仁貴將兵來攻。不能克。

十八年秋九月。九虎一時入城食人。捕之不獲。冬十一月。唐右領軍中郎將薛仁貴等與我將溫沙門戰於橫山破之。

十九年秋七月。平壤河水血色凡三日。冬十一月。唐左驍衛大將軍契苾何力爲浿江道行軍大摠管。左武衛大將軍蘇定方爲遼東道行軍大摠管。左驍衛將軍劉伯英爲平壤道行軍大摠管。蒲州刺史程名振爲鏤方道摠管。將兵分道來擊。

二十年春正月。唐募河南北淮南六十七州兵。得四萬四千餘人。詣平壤鏤方行營。又以鴻臚卿蕭嗣業爲扶餘道行軍摠管。帥回紇等諸部兵詣平壤。夏四月。以任雅相爲浿江道行軍摠管。契苾何力爲遼東道行軍摠管。蘇定方爲平壤道行軍摠管。與蕭嗣業及諸胡兵凡三十五軍。水陸分道幷進。帝欲自將大軍。蔚州刺史李君球立言。高句麗小國。何至傾中國事之有。如高句麗既滅。必發兵以守。小發則威不振。多發則人不安。是天下疲於轉戍。臣謂征之未如勿征。滅之未如勿滅。亦會武后諫帝乃止。夏五月。王遣將軍惱音信領靺鞨衆。圍新羅北漢山城。浹旬不解。新羅餉道絕。城中危懼。忽有大星落於我營。又雷雨震擊。惱音信等疑駭引退。秋八月。蘇定方破我軍於浿江。奪馬邑山。遂圍平壤城。九月。蓋蘇文遣其子男生。以精兵數萬守鴨淥。諸軍不得渡。契苾何力至。値氷大合。何力引衆乘氷度水。皷噪而進。我軍潰奔。何力追數十里。殺三萬人。餘衆悉降。男生僅以身免。會有詔班師。乃還。

二十一年春正月。左驍衛將軍白州刺史沃沮道摠管龐孝泰與蓋蘇文戰於蛇水之上。擧軍沒。與其子十三人皆戰死。蘇定方圍平壤。會大雪。解而退。凡前後之行。皆無大功而退。

二十五年。王遣太子福男（新唐書云男福）入唐。侍祠泰山。蓋蘇文死。長子男生代爲莫離支。初知國政。出巡諸城。使其弟男建、男產留知後事。或謂二弟曰。男生惡二弟之逼。意欲除之。不如先爲計。二弟初未之信。又有告男生者。曰。二弟恐兄還奪其權。欲拒兄不納。男生潛遣所親。往平壤伺之。二弟收掩得之。乃以王命召男生。男生不敢歸。男建自爲莫離支。發兵討之。男生走據國內城。使其子獻誠詣唐求哀。六月。高宗命左驍衛大將軍契苾何力、帥兵應接之。男生脫身奔唐。秋八月。王以男建爲莫離支、兼知內外兵馬事。九月。帝詔男生授特進遼東都督兼平壤道安撫大使、封玄菟郡公。冬十二月。高宗以李勣爲遼東道行軍大摠管兼安撫大使。以司列少常伯安陸、郝處俊副之。龐同善、契苾何力並爲遼東道行軍副大摠管兼安撫大使。其水陸諸軍摠管幷轉糧使竇義積、獨孤卿雲、郭待封等並受勣處分。河北諸州租賦、悉詣遼東給軍用。

二十六年秋九月。李勣拔新城。使契苾何力守之。勣初渡遼。謂諸將曰。新城高句麗西邊要害。不先得之。餘城未易取也。遂攻之。城人師夫仇等。縛城主開門降。勣引兵進擊。一十六城皆下。龐同善、高偘尙在新城。泉男建遣兵襲其營。左武衛將軍薛仁貴擊破之。偘進至金山。與我軍戰敗。我軍乘勝逐北。薛仁貴引兵橫擊之。殺我軍五萬餘人。拔南蘇、木氐、蒼岩三城。與泉男生軍合。郭待封以水軍自別道趣平壤。勣遣別將馮師本載糧仗以資之。師本舡破失期。待封軍中飢窘。欲作書與勣。恐爲他所得知其虛實。乃作離合詩以與勣。勣怒曰。軍事方急。何以詩爲。必斬之。行軍管記通事舍人元萬頃爲釋其義。勣乃更遣糧仗赴之。萬頃作檄文曰。不知守鴨淥之險。泉男建報曰。謹聞命矣。卽移兵據鴨淥津。唐兵不得度。高宗聞之。流萬頃於嶺南。郝處俊在安市城下。未及成列。我軍三萬掩至。軍中大駭。處俊據胡床方食乾糒。簡精銳擊敗之。

二十七年春正月。以右相劉仁軌爲遼東道副大摠管。郝處俊、金仁問副之。二月。李勣等拔我扶餘城。薛仁貴旣破我軍於金山。乘勝將三千人。將攻扶餘城。諸將以其兵少止之。仁貴曰。兵不必多。顧用之何如耳。遂爲前鋒以進。與我軍戰勝之。殺獲我軍。遂拔扶餘城。扶餘川中四十餘城皆請服。侍御史賈言忠奉使自遼東還。帝問軍中云何。對曰必克。昔先帝問罪。所以不得志者。虜未有釁也。諺曰軍無媒中道回。今男生兄弟閱狠爲我鄉導。虜之情僞我盡知之。將忠士力。臣故曰必克。且高句麗秘記曰。不及九百年。當有八十大將滅之。高氏自漢有國。今九百年。勣年八十矣。虜仍荐饑。人常掠賣。地震裂。狼狐入城。蚡穴於門。人心危駭。是行不再擧矣。泉男建復遣兵五萬人救扶餘城。與李勣等遇於薛賀水合戰。敗死者三萬餘人。勣進攻大行城。夏四月。彗星見於畢昴之間。唐許敬宗曰。彗見東北。高句麗將滅之兆也。秋九月。李勣拔平壤。勣旣克大行城。諸軍出他道者。皆與勣會。進至鴨渌柵。我軍拒戰。勣等敗之。追奔二百餘里。拔辱夷城。諸城遁逃及降者相繼。契苾何力先引兵至平壤城下。勣軍繼之。圍平壤月餘。王臧遣泉男產帥首領九十八人。持白幡詣勣降。勣以禮接之。泉男建猶閉門拒守。頻遣兵出戰。皆敗。男建以軍事委浮圖信誠。信誠與小將烏沙饒苗等。密遣人詣勣請爲內應。後五日。信誠開門。勣縱兵登城。鼓噪焚城。男建自刺不死。執王及男建等。冬十月。李勣將還。高宗命先以王等獻于昭陵。具軍容。奏凱歌入京師。獻于大廟。十二月。帝受俘于含元殿。以王政非己出。赦以爲司平大常伯員外同正。以泉男產爲司宰少卿。僧信誠爲銀青光祿大夫。泉男生爲右衛大將軍。李勣已下封賞有差。泉男建流黔州。分五部、百七十六城、六十九萬餘戶。爲九都督府、四十二州、百縣。置安東都護府於平壤以統之。擢我將帥有功者爲都督、刺史、縣令。與華人叅理。以右威衛大將軍薛仁貴檢校安東都護。摠兵二萬人。以鎭撫之。是高宗總章元年戊辰歲也。二年己巳二月。王之庶子安勝率四千餘戶投新羅。夏四月。高宗移三萬八千三百戶於江淮之南及山南京西諸州空曠之地。至咸亨元年庚午歲夏四月。劍牟岑欲興復國家。叛唐。立王外孫安舜（羅紀作勝）爲主。唐高宗遣大將軍高侃爲東州道行軍摠管。發兵討之。安舜殺劍牟岑奔新羅。

二年辛未歲秋七月。高侃破餘衆於安市城。三年壬申歲十二月。高侃與我餘衆戰于白水山破之。新羅遣兵救我。高侃擊克之。虜獲二千人。四年癸酉歲夏閏五月。燕山道摠管大將軍李謹行破我人於瓠瀘河。俘獲數千人。餘衆皆奔新羅。儀鳳二年丁丑歲春二月。以降王爲遼東州都督。封朝鮮王。遣歸遼東。安輯餘衆。東人先在諸州者。皆遣與王俱歸。仍移安東都護府於新城。以統之。王至遼東謀叛。潛與靺鞨通。開曜元年。召還邛州。以永淳初死。贈衛尉卿。詔送至京師。葬頡利墓左。樹碑其阡。散徙其人於河南隴右諸州。貧者留安東城傍舊城。往往沒於新羅。餘衆散入靺鞨及突厥。高氏君長遂絕。垂拱二年。以降王孫寶元爲朝鮮郡王。至聖曆初。進左鷹揚衛大將軍。更封忠誠國王。賜統安東舊部。不行。明年。以降王子德武爲安東都督。後稍自國。至元和十三年。遣使入唐獻樂工。

論曰。玄菟樂浪本朝鮮之地。箕子所封。箕子敎其民。以禮義田蠶織作。設禁八條。是以其民不相盜。無門戶之閉。婦人貞信不淫。飲食以籩豆。此仁賢之化也。而又天性柔順。異於三方。故孔子悼道不行。欲浮桴於海以居之。有以也夫。然而易之爻二多譽。四多懼。近也。高句麗自秦漢之後。介在中國東北隅。其北隣皆天子有司。亂世則英雄特起。僭竊名位者也。可謂居多懼之地。而無謙巽之意。侵其封埸以讐之。入其郡縣以居之。是故兵連禍結。略無寧歲。及其東遷。値隋唐之一統。而猶拒詔命以不順。囚王人於土室。其頑然不畏如此。故屢致問罪之師。雖或有時設奇以陷大軍。而終於王降國滅而後止。然觀始末。當其上下和、衆庶睦。雖大國不能以取之。及其不義於國、不仁於民、以興衆怨。則崩潰而不自振。故孟子曰。天時地利不如人和。左氏曰。國之興也以福。其亡也以禍。國之興也。視民如傷。是其福也。其亡也。以民爲土芥。是其禍也。有味哉斯言也。夫然則凡有國家者。縱暴吏之驅迫、强宗之聚斂。以失人心。雖欲理而不亂、存而不亡。又何異强酒而惡醉者乎。

三國史記卷第二十二

三國史記卷第二十三

輸忠定難靖國贊化同德功臣開府儀同三司檢校太師守太保門下侍中判尚書吏禮部事集賢殿太學士監修國史上柱國致仕臣金富軾奉

宣撰

百濟本紀第一

始祖溫祚王　多婁王　己婁王
蓋婁王　肖古王

百濟始祖溫祚王。其父鄒牟。或云朱蒙。自北扶餘逃難。至卒本扶餘。扶餘王無子。只有三女子。見朱蒙、知非常人。以第二女妻之。未幾扶餘王薨。朱蒙嗣位。生二子。長曰沸流。次曰溫祚。或云朱蒙到卒本娶越郡女。生二子。及朱蒙在北扶餘所生子來爲太子。沸流、溫祚恐爲太子所不容。遂與烏干、馬黎等十臣南行。百姓從之者多。遂至漢山。登負兒嶽。望可居之地。沸流欲居於海濱。十臣諫曰。惟此河南之地。北帶漢水。東據高岳。南望沃澤。西阻大海。其天險地利。難得之勢。作都於斯。不亦宜乎。沸流不聽。分其民。歸弥鄒忽以居之。溫祚都河南慰禮城。以十臣爲輔翼。國號十濟。是前漢成帝鴻嘉三年也。沸流以弥鄒土濕水鹹。不得安居。歸見慰禮、都邑鼎定、人民安泰。遂慙悔而死。其臣民皆歸於慰禮。後以來時百姓樂從。改號百濟。其世系與高句麗同出扶餘。故以扶餘爲氏。一云始祖沸流王。其父優台、北扶餘王解扶婁庶孫。母召西奴、卒本人延陁勃之女。始歸于優台、生子二人、長曰沸流、次曰溫祚。優台死、寡居于卒本。後朱蒙不容於扶餘、以前漢建昭二年春二月。南奔至卒本。立都、號高句麗。娶召西奴爲妃。其於開基創業。頗有內助。故朱蒙寵接之特厚。待沸流等如己子。及朱蒙在扶餘所生禮氏子孺留來。立之爲太子。以至嗣位焉。於是沸流謂弟溫祚曰。始大王避扶餘之難。逃歸至此。我母氏傾家財。助成邦業。其勸勞多矣。及大王厭世。國家屬於孺留。吾等徒在此。鬱鬱如疣贅。不如奉母氏南遊卜地、別立國都。遂與弟率黨類。渡浿帶二水。至弥鄒忽以居之。北史及□書皆云。東明之後有仇台。篤於仁信。初立國于帶方故地。漢遼東太守公孫度以女妻之。遂爲東夷强國。未知孰是。

元年夏五月。立東明王廟。

二年春正月。王謂羣臣曰。靺鞨連我北境。其人勇而多詐。宜繕兵積穀爲拒守之計。三月。王以族父乙音有智識膽力。拜爲右輔。委以兵馬之事。

三年秋九月。靺鞨侵北境。王帥勁兵。急擊大敗之。賊生還者十一二。冬十月。雷。桃李華。

四年春夏。旱、饑、疫。秋八月。遣使樂浪修好。

五年冬十月。巡撫北邊。獵獲神鹿。

六年秋七月辛未晦。日有食之。

八年春二月。靺鞨賊三千來圍慰禮城。王閉城門不出。經旬、賊糧盡而歸。王簡銳卒。追及大斧峴。一戰克之。殺虜五百餘人。秋七月。築馬首城。竪瓶山柵。樂浪太守使告曰。頃者、聘問結好。意同一家。今逼我疆。造立城柵。或者其有蠶食之謀乎。若不渝舊好。隳城破柵。則無所猜疑。苟或不然。請一戰以決勝負。王報曰。設險守國。古今常道。豈敢以此有渝於和好。宜若執事之所不疑也。若執事恃强出師。則小國亦有以待之耳。由是與樂浪失和。

十年秋九月。王出獵獲神鹿。以送馬韓。冬十月。靺鞨寇北境。王遣兵二百。拒戰於昆彌川上。我軍敗績。依青木山自保。王親帥精騎一百。出烽峴救之。賊見之卽退。

十一年夏四月。樂浪使靺鞨襲破瓶山柵。殺掠一百餘人。秋七月。設禿山、狗川兩柵。以塞樂浪之路。

十三年春二月。王都老嫗化爲男。五虎入城。王母薨。年六十一歲。夏五月。王謂臣下曰。國家東有樂浪。北有靺鞨。侵軼疆境。少有寧日。況今妖祥屢見。國母棄養。勢不自安。必將遷國。予昨出巡觀漢水之南。土壤膏腴。宜都於彼。以圖久安之計。秋七月。就漢山下立柵。移慰禮城民戶。八月。遣使馬韓。告遷都。遂畫定疆埸。北至浿河。南限熊川。西窮大海。東極走壤。九月。立城闕。

十四年春正月。遷都。二月。王巡撫部落。務勸農事。秋七月。築城漢江西北。分漢城民。

十五年春正月。作新宮室。儉而不陋。華而不侈。

十七年春。樂浪來侵。焚慰禮城。夏四月。立廟以祀國母。

十八年冬十月。靺鞨掩至。王帥兵逆戰於七重河。虜獲酋長素牟。送馬韓。其餘賊盡坑之。十一月。王欲襲樂浪牛頭山城。至臼谷。遇大雪乃還。

二十年春二月。王設大壇。親祠天地。異鳥五來翔。

二十二年秋八月。築石頭、高木二城。九月。王帥騎兵一千。獵斧峴東。遇靺鞨賊。一戰破之。虜獲生口。分賜將士。

二十四年秋七月。王作熊川柵。馬韓王遣使責讓曰。王初渡河。無所容足。吾割東北一百里之地安之。其待王不爲不厚。宜思有以報之。今以國完民聚。謂莫與我敵。大設城池。侵犯我封疆。其如義何。王慙。遂壞其柵。

二十五年春二月。王宮井水暴溢。漢城人家馬生牛。一首二身。日者曰。井水暴溢者。大王勃興之兆也。牛一首二身者。大王幷鄰國之應也。王聞之喜。遂有幷呑辰、馬之心。

二十六年秋七月。王曰。馬韓漸弱。上下離心。其勢不能久。儻爲他所幷。則脣亡齒寒。悔不可及。不如先人而取之。以免後艱。冬十月。王出師。陽言田獵。潛襲馬韓。遂幷其國邑。唯圓山、錦峴二城固守不下。

二十七年夏四月。二城降。移其民於漢山之北。馬韓遂滅。秋七月。築大豆山城。

二十八年春二月。立元子多婁爲太子。委以內外兵事。夏四月。隕霜害麥。

三十一年春正月。分國內民戶。爲南北部。夏四月。雹。五月。地震。六月。又震。

三十三年春夏。大旱。民饑相食。盜賊大起。王撫安之。秋八月。加置東西二部。

三十四年冬十月。馬韓舊將周勤據牛谷城叛。王躬帥兵五千討之。周勤自經。腰斬其尸。幷誅其妻子。

三十六年秋七月。築湯井城。分大豆城民戶居之。八月。修葺圓山、錦峴二城。築古沙夫里城。

三十七年春三月。雹。大如雞子。鳥雀遇者死。夏四月。旱。至六月乃雨。漢水東北部落饑荒。亡入高句麗者一千餘戶。浿帶之間空無居人。

三十八年春二月。王巡撫。東至走壤。北至浿河。五旬而返。三月。發使勸農桑。其以不急之事擾民者皆除之。冬十月。王築大壇祠天地。

四十年秋九月。靺鞨來攻述川城。冬十一月。又襲斧峴城。殺掠百餘人。王命勁騎二百拒擊之。

四十一年春正月。右輔乙音卒。拜北部解婁爲右輔。解婁本扶餘人也。神識淵奧。年過七十。膂力不愆。故用之。二月。發漢水東北諸部落人年十五歲以上。修營慰禮城。

四十三年秋八月。王田牙山之原、五日。九月。鴻鴈百餘集王宮。日者曰。鴻鴈民之象也。將有遠人來投者乎。冬十月。南沃沮仇頗解等二十餘家至斧壤納款。王納之。安置漢山之西。

四十五年春夏。大旱、草木焦枯。冬十月。地震。傾倒人屋。

四十六年春二月。王薨。

多婁王。溫祚王之元子。器宇寬厚有威望。溫祚王在位第二十八年立爲太子。至四十六年王薨。繼位。

二年春正月。謁始祖東明廟。二月。王祀天地於南壇。

三年冬十月。東部屹于與靺鞨戰於馬首山西克之。殺獲甚衆。王喜。賞屹于馬十匹、租五百石。

四年秋八月。高木城昆優與靺鞨戰大克。斬首二百餘級。九月。王田於橫岳下。連中雙鹿。衆人歎美之。

六年春正月。立元子已婁爲太子。大赦。二月。下令國南州郡始作稻田。

七年春二月。右輔解婁卒。年九十歲。以東部屹于爲右輔。夏四月。東方有赤氣。秋九月。靺鞨攻陷馬首城。放火燒百姓廬屋。冬十月。又襲甁山柵。

十年冬十月。右輔屹于爲左輔。北部眞會爲右輔。十一月。地震。聲如雷。

十一年秋。穀不成。禁百姓私釀酒。冬十月。王巡撫東西兩部。貧不能自存者給穀人二石。

二十一年春二月。宮中大槐樹自枯。三月。左輔屹于卒。王哭之哀。

二十八年春夏。旱。慮囚。赦死罪。秋八月。靺鞨侵北鄙。

二十九年春二月。王命東部築牛谷城。以備靺鞨。

三十六年冬十月。王拓地至娘子谷城。仍遣使新羅請會。不從。

三十七年。王遣兵攻新羅蛙山城。不克。移兵攻狗壤城。新羅發騎兵二千。逆擊走之。

三十九年。攻取蛙山城。留二百人守之。尋爲新羅所敗。

四十三年。遣兵侵新羅。

四十六年夏五月戊午晦。日有食之。

四十七年秋八月。遣將侵新羅。
四十八年冬十月。又攻蛙山城拔之。
四十九年秋九月。蛙山城爲新羅所復。
五十年秋九月。王薨。
巳婁王。多婁王之元子。志識宏遠。不留心細事。多婁王在位第六年立爲太子。至五十年王薨。繼位。
九年春正月。遣兵侵新羅邊境。夏四月乙巳。客星入紫微。
十一年秋八月乙未晦。日有食之。
十三年夏六月。地震。裂陷民屋。死者多。
十四年春三月。大旱。無麥。夏六月。大風拔木。
十六年夏六月戊戌朔。日有食之。
十七年秋八月。橫岳大石五。一時隕落。
二十一年夏四月。二龍見漢江。
二十三年秋八月。隕霜殺菽。冬十月。雨雹。
二十七年。王獵漢山獲神鹿。
二十九年。遣使新羅請和。
三十一年冬。無冰。

三十二年春夏。旱。年饑民相食。秋七月。靺鞨入牛谷。奪掠民口而歸。

三十五年春三月。地震。冬十月。又震。

三十七年。遣使聘新羅。

四十年夏四月。鸛巢于都城門上。六月。大雨浹旬。漢江水漲。漂毁民屋。秋七月。命有司補水損之田。

四十九年。新羅爲靺鞨所侵掠。移書請兵。王遣五將軍救之。

五十二年冬十一月。王薨。

蓋婁王。已婁王之子。性恭順有操行。已婁在位五十二年薨。卽位。

四年夏四月。王獵漢山。

五年春二月。築北漢山城。

十年秋八月庚子。熒惑犯南斗。

三十八年春正月丙申晦。日有食之。冬十月。新羅阿飡吉宣謀叛。事露來奔。羅王移書請之。不送。羅王怒出師來伐。諸城堅壁自守不出。羅兵絕糧而歸。

論曰。春秋時莒僕來奔魯。季文子曰。見有禮於其君者。事之如孝子之養父母也。見無禮於其君者。誅之如鷹鸇之逐鳥雀也。觀莒僕。不度於善而在於凶德。是以去之。今吉宣亦姦賊之人。百濟王納而匿之。是謂掩賊爲藏者也。由是失鄰國之和。使民困於兵革之役。其不明甚矣。

三十九年。王薨。

肖古王。一云素古蓋婁王之子。蓋婁在位三十九年薨。嗣位。

二年秋七月。濟師襲破新羅西鄙二城。虜獲男女一千而還。八月。羅王遣一吉飡興宣。領兵二萬。來侵國東諸城。羅王又親帥精騎八千繼之。掩至漢水。王度羅兵衆不可敵。乃還前所掠。

五年春三月丙寅晦。日有食之。十月。出兵侵新羅邊鄙。

二十一年冬十月。無雲而雷。星孛于西北。二十日而滅。

二十二年夏五月。王都井及漢水皆竭。

二十三年春二月。重修宮室。出師攻新羅母山城。

二十四年夏四月丙午朔。日有食之。秋七月。我軍與新羅戰於狗壤敗北。死者五百餘人。

二十五年秋八月。出兵襲新羅西境圓山鄉。進圍缶谷城。新羅將軍仇道帥馬兵五百拒之。我兵佯退。仇道追至蛙山。我兵反擊之大克。

二十六年秋九月。蚩尤旗見于角亢。

三十四年秋七月。地震。遣兵侵新羅邊境。

三十九年秋七月。出兵攻新羅腰車城拔之。殺其城主薛夫。羅王奈解怒。命伊伐飡利音爲將。帥六部精兵。來攻我沙峴城。冬十月。星孛于東井。

四十年秋七月。太白犯月。

四十三年秋。蝗、旱。穀不順成。盜賊多起。王撫安之。

四十四年冬十月。大風拔木。

四十五年春二月。築赤峴、沙道二城。移東部民戶。冬十月。靺鞨來攻沙道城不克。焚燒城門而遁。

四十六年秋八月。國南蝗、害穀。民饑。冬十一月。無冰。

四十七年夏六月庚寅晦。日有食之。

四十八年秋七月。西部人茴會獲白鹿獻之。王以爲瑞。賜穀一百石。

四十九年秋九月。命北部眞果。領兵一千。襲取靺鞨石門城。冬十月。靺鞨以勁騎來侵。至于述川。王薨。

三國史記卷第二十三

三國史記卷第二十四

輸忠定難靖國贊化同德功臣開府儀同三司檢校太師守太保門下侍中判尚書吏禮部事集賢殿太學士監修國史上柱國致仕臣金富軾奉

宣撰

百濟本紀第二

仇首王 沙伴王 古尒王 責稽王 汾西王
比流王 契王 近肖古王 近仇首王 枕流王

仇首王。或云貴須 肖古王之長子。身長七尺。威儀秀異。肖古在位四十九年薨。卽位。

二年秋八月。靺鞨來圍赤峴城。城主固拒。賊退歸。王帥勁騎八百追之。戰沙道城下破之。殺獲甚衆。

四年春二月。設二柵於沙道城側。東西相去十里。分赤峴城卒戍之。

五年。王遣兵圍新羅獐山城。羅王親帥兵擊之。我軍敗績。

七年冬十月。王城西門火。靺鞨寇北邊。遣兵拒之。

八年夏五月。國東大水。山崩四十餘所。六月戊辰晦。日有食之。秋八月。大閱於漢水之西。

九年春二月。命有司修隄防。三月。下令勸農事。夏六月。王都雨魚。冬十月。遣兵入新羅牛頭鎭。抄掠民戶。羅將忠萱領兵五千。逆戰於熊谷大敗。單騎而遁。十一月庚申晦。日有食之。

十一年秋七月。新羅一吉湌連珍來侵。我軍逆戰於烽山下不克。冬十月。太白晝見。

十四年春三月。雨雹。夏四月。大旱。王祈東明廟。乃雨。

十六年冬十月。王田於寒泉。十一月。大疫。靺鞨入牛谷界。奪掠人物。王遣精兵三百拒之。賊伏兵夾擊。我軍大敗。

十八年夏四月。雨雹。大如栗。鳥雀中者死。

二十一年。王薨。

古尓王。蓋婁王之第二子也。仇首王在位二十一年薨。長子沙伴嗣位。而幼少不能爲政。肖古王母弟古尓卽位。

三年冬十月。王獵西海大島。王手射四十鹿。

五年春正月。祭天地用鼓吹。二月。田於釜山。五旬乃返。夏四月。震王宮門柱。黃龍自其門飛出。

六年春正月。不雨。至夏五月乃雨。

七年。遣兵侵新羅。夏四月。拜眞忠爲左將。委以內外兵馬事。秋七月。大閱於石川。雙鴈起於川上。王射之。皆中。

九年春二月。命國人開稻田於南澤。夏四月。以叔父質爲右輔。質性忠毅。謀事無失。秋七月。出西門觀射。

十年春正月。設大壇。祀天地山川。

十三年夏。大旱。無麥。秋八月。魏幽州刺史毌丘儉與樂浪太守劉茂、朔方太守王遵伐高句麗。王乘虛遣左將眞忠。襲取樂浪邊民。茂聞之怒。王恐見侵討。還其民口。

十四年春正月。祭天地於南壇。二月。拜眞忠爲右輔。眞勿爲左將。委以兵馬事。

十五年春夏。旱。冬。民饑。發倉賑恤。又復一年租調。

十六年春正月甲午。太白襲月。

二十二年秋九月。出師侵新羅。與羅兵戰於槐谷西敗之。殺其將翊宗。冬十月。遣兵攻新羅烽山城。不克。

二十四年春正月。大旱。樹木皆枯。

二十五年春。靺鞨長羅渴獻良馬十匹。王優勞使者以還之。

二十六年秋九月。青紫雲起宮東。如樓閣。

二十七年春正月。置內臣佐平。掌宣納事。內頭佐平。掌庫藏事。內法佐平。掌禮儀事。衛士佐平。掌宿衛兵事。朝廷佐平。掌刑獄事。兵官佐平。掌外兵馬事。又置達率、恩率、德率、扞率、奈率、及將德、施德、固德、季德、對德、文督、武督、佐軍、振武、克虞。六佐平並一品。達率二品。恩率三品。德率四品。扞率五品。奈率六品。將德七品。施德八品。固德九品。季德十品。對德十一品。文督十二品。武督十三品。佐軍十四品。振武十五品。克虞十六品。二月。

下令六品已上服紫。以銀花飾冠。十一品已上服緋。十六品已上服青。三月。以王弟優壽爲內臣佐平。

二十八年春正月初吉。王服紫大袖袍、青錦袴、金花飾烏羅冠、素皮帶、烏韋履。坐南堂聽事。二月。拜眞可爲內頭佐平。優豆爲內法佐平。高壽爲衞士佐平。昆奴爲朝廷佐平。惟已爲兵官佐平。三月。遣使新羅請和。不從。

二十九年春正月。下令。凡官人受財及盜者。三倍徵贓。禁錮終身。

三十三年秋八月。遣兵攻新羅烽山城。城主直宣率壯士二百人出擊敗之。

三十六年秋九月。星孛于紫宮。

三十九年冬十一月。遣兵侵新羅。

四十五年冬十月。出兵攻新羅。圍槐谷城。

五十年秋九月。遣兵侵新羅邊境。

五十三年春正月。遣使新羅請和。冬十一月。王薨。

責稽王。（或云責稽）古尒王子。身長大、志氣雄傑。古尒薨。卽位。王徵發丁夫。葺慰禮城。高句麗伐帶方。帶方請救於我。先是王娶帶方王女寶菓爲夫人。故曰帶方我舅甥之國。不可不副其請。遂出師救之。高句麗怨。王慮其侵寇。修阿且城、蛇城備之。

二年春正月。謁東明廟。

十三年秋九月。漢與貊人來侵。王出禦爲敵兵所害薨。

汾西王。責稽王長子。幼而聰惠。儀表英挺。王愛之不離左右。及王薨。繼而即位。冬十月。大赦。

二年春正月。謁東明廟。

五年夏四月。彗星晝見。

七年春二月。潛師襲取樂浪西縣。冬十月。王爲樂浪太守所遣刺客賊害薨。

比流王。仇首王第二子。性寬慈愛人。又强力善射。久在民間。令譽流聞。及汾西之終。雖有子皆幼不得立。是以爲臣民推戴即位。

五年春正月丙子朔。日有食之。

九年春二月。發使巡問百姓疾苦。其鰥寡孤獨不能自存者。賜穀人三石。夏四月。謁東明廟。拜解仇爲兵官佐平。

十年春正月。祀天地於南郊。王親割牲。

十三年春。旱。大星西流。夏四月。王都井水溢。黑龍見其中。

十七年秋八月。築射臺於宮西。每以朔望習射。

十八年春正月。以王庶弟優福爲內臣佐平。秋七月。太白晝見。國南蝗害穀。

二十二年冬十月。天有聲、如風浪相激。十一月。王獵於狗原北。手射鹿。

二十四年秋七月。有雲如赤烏夾日。九月。內臣佐平優福據北漢城叛。王發兵討之。

二十八年春夏。大旱。草木枯、江水竭。至秋七月乃雨。年饑、人相食。

三十年夏五月。星隕。王宮火。連燒民戶。秋七月。修宮室。拜眞義爲內臣佐平。冬十二月。雷。

三十二年冬十月乙未朔。日有食之。

三十三年春正月辛巳。彗星見于奎。

三十四年春二月。新羅遣使來聘。

四十一年冬十月。王薨。

契王。汾西王之長子也。天資剛勇。善騎射。初汾西之薨也。契王幼不得立。比流王在位四十一年薨。卽位。

三年秋九月。王薨。

近肖古王。比流王第二子也。體貌奇偉。有遠識。契王薨。繼位。

二年春正月。祭天地神祇。拜眞淨爲朝廷佐平。淨王后親戚。性狠戾不仁。臨事苛細。恃勢自用。國人疾之。

二十一年春三月。遣使聘新羅。

二十三年春三月丁巳朔。日有食之。遣使新羅。送良馬二匹。

二十四年秋九月。高句麗王斯由帥步騎二萬。來屯雉壤。分兵侵奪民戶。王遣太子以兵徑至雉壤。急擊破之。獲五千餘級。其虜獲分賜將士。冬十一月。大閱於漢水南。旗幟皆用黃。

二十六年。高句麗擧兵來。王聞之。伏兵於浿河上。俟其至急擊之。高句麗兵敗北。冬。王與太子帥精兵三萬。侵高句麗。攻平壤城。麗王斯由力戰拒之。中流矢死。王引軍退。移都漢山。

二十七年春正月。遣使入晉朝貢。秋七月。地震。

二十八年春二月。遣使入晉朝貢。秋七月。築城於靑木嶺。禿山城主率三百人奔新羅。

三十年秋七月。高句麗來攻北鄙水谷城陷之。王遣將拒之。不克。王又將大擧兵報之。以年荒不果。冬十一月。王薨。古記云。百濟開國已來。未有以文字記事。至是得博士高興。始有書記。然高興未嘗顯於他書。不知其何許人也。

近仇首王。(一云諱須) 近肖古王之子。先是高句麗國岡王斯由親來侵。近肖古王遣太子拒之。至半乞壤將戰。高句麗人斯紀本百濟人。誤傷國馬蹄。懼罪奔於彼。至是還來。告太子曰。彼師雖多。皆備數疑兵而已。其驍勇唯赤旗。若先破之。其餘不攻自潰。太子從之。進擊。大敗之。追奔逐北。至於水谷城之西北。將軍莫古解諫曰。嘗聞道家之言。知足不辱。知止不殆。今所得多矣。何必求多。太子善之止焉。乃積石爲表。登其上。顧左右曰。今日之後。疇克再至於此乎。其地有巖石罅若馬蹄者。他人至今呼爲太子馬迹。近肖古在位三十年薨。卽位。

二年。以王舅眞高道爲內臣佐平。委以政事。冬十一月。高句麗來侵北鄙。

三年冬十月。王將兵三萬。侵高句麗平壤城。十一月。高句麗來侵。

五年春三月。遣使朝晉。其使海上遇惡風。不達而還。夏四月。雨土竟日。
六年。大疫。夏五月。地裂。深五丈。横廣三丈。三日乃合。
八年春。不雨至六月。民饑。至有鬻子者。王出官穀贖之。
十年春二月。日有暈三重。宮中大樹自拔。夏四月。王薨。

枕流王。近仇首王之元子。母曰阿尔夫人。繼父卽位。秋七月。遣使入晉朝貢。九月。胡僧摩羅難陁自晉至。王迎之致宮內禮敬焉。佛法始於此。
二年春二月。創佛寺於漢山。度僧十人。冬十一月。王薨。

三國史記卷第二十四

三國史記卷第二十五

輸忠定難靖國贊化同德功臣開府儀同三司檢校太師守太保門下侍中判尚書吏禮部事集賢殿大學士監修國史上柱國致仕臣金富軾奉

宣撰

百濟本紀第三

辰斯王　阿莘王　腆支王　久尔辛王　毗有王　蓋鹵王

辰斯王。近仇首王之仲子。枕流之弟。爲人强勇。聰惠多智略。枕流之薨也。太子少。故叔父辰斯卽位。

二年春。發國內人年十五歲已上。設關防。自青木嶺。北距八坤城。西至於海。秋七月。隕霜害穀。八月。高句麗來侵。

三年春正月。拜眞嘉謨爲達率。豆知爲恩率。秋九月。與靺鞨戰關彌嶺不捷。

五年秋九月。王遣兵侵掠高句麗南鄙。

六年秋七月。星孛于北河。九月。王命達率眞嘉謨伐高句麗。拔都坤城。虜得二百人。王拜嘉謨爲兵官佐平。冬十月。獵於狗原。七日乃返。

七年春正月。重修宮室。穿池造山。以養奇禽異卉。夏四月。靺鞨攻陷北鄙赤峴城。秋七月。獵國西大島。王親射鹿。八月。又獵横岳之西。

八年夏五月丁卯朔。日有食之。秋七月。高句麗王談德帥兵四萬。來攻北鄙。陷石峴等十餘城。王聞談德能用兵。不得出拒。漢水北諸部落多沒焉。冬十月。高句麗攻拔關彌城。王田於狗原。經旬不返。十一月。薨於狗原行宮。

阿莘王。或云阿芳 枕流王之元子。初生於漢城別宮。神光炤夜。及壯。志氣豪邁。好鷹馬。王薨時年少。故叔父辰斯繼位。八年薨。卽位。

二年春正月。謁東明廟。又祭天地於南壇。拜眞武爲左將。委以兵馬事。武王之親舅。沉毅有大略。時人服之。秋八月。王謂武曰。關彌城者我北鄙之襟要也。今爲高句麗所有。此寡人之所痛惜。而卿之所宜用心而雪恥也。遂謀將兵一萬伐高句麗南鄙。武身先士卒以冒矢石。意復石峴等五城。先圍關彌城。麗人嬰城固守。武以糧道不繼。引而歸。

三年春二月。立元子腆支爲太子。大赦。拜庶弟洪爲內臣佐平。秋七月。與高句麗戰於水谷城下敗績。太白晝見。

四年春二月。星孛于西北。二十日而滅。秋八月。王命左將眞武等伐高句麗。麗王談德親帥兵七千。陣於浿水之上拒戰。我軍大敗。死者八千人。冬十一月。王欲報浿水之役。親帥兵七千人過漢水。次於靑木嶺下。會大雪。士卒多凍死。廻軍至漢山城。勞軍士。

六年夏五月。王與倭國結好。以太子腆支爲質。秋七月。大閱於漢水之南。

七年春二月。以眞武爲兵官佐平。沙豆爲左將。三月。築雙峴城。秋八月。王將伐高句麗。

出師至漢山北柵。其夜大星落營中有聲。王深惡之。乃止。九月。集都人習射於西臺。

八年秋八月。王欲侵高句麗。大徵兵馬。民苦於役。多奔新羅。戶口衰減。

九年春二月。星孛于奎婁。夏六月庚辰朔。日有食之。

十一年夏。大旱。禾苗焦枯。王親祭橫岳。乃雨。五月。遣使倭國求大珠。

十二年春二月。倭國使者至。王迎勞之特厚。秋七月。遣兵侵新羅邊境。

十四年春三月。白氣自王宮西起。如匹練。秋九月。王薨。

腆支王。(或云直支)梁書、名映。阿莘之元子。阿莘在位第三年立爲太子。六年出質於倭國。十四年王薨。王仲弟訓解攝政。以待太子還國。季弟碟禮殺訓解。自立爲王。腆支在倭聞訃。哭泣請歸。倭王以兵士百人衞送。旣至國界。漢城人解忠來告曰。大王棄世。王弟碟禮殺兄自立。願太子無輕入。腆支留倭人自衞。依海島以待之。國人殺碟禮。迎腆支卽位。妃八須夫人。生子久尔辛。

二年春正月。王謁東明廟。祭天地於南壇。大赦。二月。遣使入晋朝貢。秋九月。以解忠爲達率。賜漢城租一千石。

三年春二月。拜庶弟餘信爲內臣佐平。解須爲內法佐平。解丘爲兵官佐平。皆王戚也。

四年春正月。拜餘信爲上佐平。委以軍國政事。上佐平之職始於此。若今之冢宰。

五年。倭國遣使送夜明珠。王優禮待之。

十一年夏五月甲申。彗星見。

十二年。東晉安帝遣使冊命王爲使持節都督百濟諸軍事鎭東將軍百濟王。

十三年春正月甲戌朔。日有食之。夏四月。旱。民饑。秋七月。徵東北二部人年十五已上、築沙口城。使兵官佐平解丘監役。

十四年夏。遣使倭國、送白綿十匹。

十五年春正月戊戌。星孛于大微。冬十一月丁亥朔。日有食之。

十六年春三月。王薨。

久尒辛王。腆支王長子。腆支王薨。卽位。

八年冬十二月。王薨。

毗有王。久尒辛王之長子。（或云腆支王庶子。未知孰是。）美姿貌。有口辯。人所推重。久尒辛王薨。卽位。

二年春二月。王巡撫四部。賜貧乏穀有差。倭國使至。從者五十人。

三年秋。遣使入宋朝貢。冬十月。上佐平餘信卒。以解須爲上佐平。十一月。地震。大風飛瓦。十二月。無氷。

四年夏四月。宋文皇帝以王復修職貢。降使冊授先王映爵號。（腆支王十二年。東晉冊命爲使持節都督百濟諸軍事鎭東將軍百濟王。）

七年春夏。不雨。秋七月。遣使入新羅請和。

八年春二月。遣使新羅。送良馬二匹。秋九月。又送白鷹。冬十月。新羅報聘以良金明珠。

十四年夏四月戊午朔。日有食之。冬十月。遣使入宋朝貢。

二十一年夏五月。宮南池中有火。焰如車輪。終夜而滅。秋七月。旱。穀不熟。民饑。流入新羅者多。

二十八年。星隕如雨。星孛于西北。長二丈許。秋八月。蝗害穀。年饑。

二十九年春三月。獵於漢山。秋九月。黑龍見漢江。須臾雲霧晦冥飛去。王薨。

蓋鹵王。或云近蓋婁 諱慶司。毗有王之長子。毗有在位二十九年薨。嗣。

十四年冬十月癸酉朔。日有食之。

十五年秋八月。遣將侵高句麗南鄙。冬十月。葺雙峴城。設大柵於靑木嶺。分北漢山城士卒戍之。

十八年。遣使朝魏。上表曰。臣立國東極。豺狼隔路。雖世承靈化。莫由奉藩。瞻望雲闕。馳情罔極。凉風微應。伏惟皇帝陛下。協和天休。不勝係仰之情。謹遣私署冠軍將軍駙馬都尉弗斯侯長史餘禮。龍驤將軍帶方太守司馬張茂等。投舫波阻。搜徑玄津。託命自然之運。遣進萬一之誠。冀神祇垂感。皇靈洪覆。克達天庭。宣暢臣志。雖旦聞夕沒。永無餘恨。又云。臣與高句麗。源出扶餘。先世之時。篤崇舊款。其祖釗輕廢鄰好。親率士衆。凌踐臣境。臣祖須整旅電邁。應機馳擊。矢石暫交。梟斬釗首。自爾已來。莫敢南顧。自馮氏數終。餘燼奔竄。醜類漸盛。遂見凌逼。構怨連禍。三十餘載。財殫力竭。轉自孱踧。若天慈曲矜。遠及無外。速遣一將。來救臣國。當奉送鄙女。執掃後宮。并遣子弟。牧圉外廄。尺壤匹夫。不敢自有。又云。今璉有罪。國自魚肉。大臣彊族。戮殺無已。罪盈惡積。民庶崩離。是滅亡之期。假手之秋也。且馮族士馬。有鳥畜之戀。樂浪諸郡。懷首丘之心。天威一擧。有征無戰。臣雖不敏。志効畢力。當率所統。承風響應。且高句麗不義逆詐非一。外慕隗囂藩卑之辭。內懷凶禍豕突之行。或南通劉氏。或北約蠕蠕。共相脣齒。謀凌王略。昔唐堯至聖。致罰丹水。孟嘗稱仁。不捨塗詈。涓流之水。宜早壅塞。今若不取。將貽後悔。去庚辰年後。臣西界小石山北國海中。見屍十餘。幷得衣器鞍勒。視之非高句麗之物。後聞乃是王人來降臣國。長蛇隔路。以沉于海。雖未委當。深懷憤恚。昔宋戮申舟。楚莊徒跣。鷂撮放鳩。信陵不食。克敵立名。美隆無已。夫以區區偏鄙。猶慕萬代之信。況陛下合氣天地。勢傾山海。豈令小竪。跨塞天逵。今上所得鞍一以爲實驗。顯祖以其僻遠冒險朝獻。禮遇尤厚。遣使者邵安。與其使俱還。詔曰。得表聞之。無恙甚善。卿在東隅處五服之外。不遠山海。歸誠魏闕。欣嘉至意。用戢于懷。朕承萬世之業。君臨四海。統御羣生。今宇內淸一。八表歸義。繈負而至者。不可稱數。風俗之和。士馬之盛。皆餘禮等親所聞見。卿與高句麗不穆。屢致凌犯。苟能順義。守之以仁。亦何憂於寇讐也。前所遣使。浮海以撫荒外之國。從來積年往而不返。存亡達否。未能審悉。卿所送鞍。比校舊乘。非中國之物。不可以疑似之事、以生必然之過。經略權要。以具別旨。又詔曰。知高句麗阻彊侵軼。卿上修先君之舊怨。棄息民之大德。兵交累載。難結荒邊。使兼申胥之誠。國有楚越之急。乃應展義扶微。乘機電擧。但以高句麗稱藩先朝、供職日久。於彼雖有自昔之釁。於國未有犯令之愆。卿使命始通。便求致伐。尋討事會。理亦未周。故往年遣禮等至平壤。欲驗其由狀。然高句麗奏請頻煩。辭理俱詣。行人不能抑其請。司法無以成其責。故聽其所啓。詔禮等還。若今復違旨。則過咎益露。後雖自陳。無所逃罪。然後興師討之。於義爲得。九夷之國。世居海外。道暢則奉藩。惠戢則保境。故羈縻著於前典。楛貢曠於歲時。卿備陳彊弱之形。具列往代之迹。俗殊事異。擬況乖衷。洪規大略。其致猶在。今中夏平一。宇內無虞。每欲陵威東極。懸旌域表。拯荒黎於偏方。舒皇風於遠服。良由高句麗卽叙。未及卜征。今若不從詔旨。則卿之來謀。載協朕意。元戎啓行。將不云遠。便可豫率同興。具以待事。時遣報使。速究彼情。師擧之日。卿爲鄕導之首。大捷之後。又受元功之賞。不亦善乎。所獻錦布海物。雖不悉達。明卿至心。今賜雜物如別。又詔璉護送安等。安等至高句麗。璉稱昔與餘慶有讐。不令東過。安等於是皆還。乃下詔切責之。後使安等從東萊浮海。賜餘慶璽書。褒其誠節。安等至海濱。遇風飄蕩。竟不達而還。王以麗人屢犯邊鄙。上表乞師於魏。不從。王怨之。遂絶朝貢。

二十一年秋九月。麗王巨璉帥兵三萬來圍王都漢城。王閉城門。不能出戰。麗人分兵爲四道夾攻。又乘風縱火。焚燒城門。人心危懼。或有欲出降者。王窘不知所圖。領數十騎出門西走。麗人追而害之。先是高句麗長壽王陰謀百濟。求可以間諜於彼者。時浮屠道琳應募曰。愚僧旣不能知道。思有以報國恩。願大王不以臣不肖。指使之。期不辱命。王悅密使譎百濟。於是道琳佯逃罪。奔入百濟。時百濟王近蓋婁好博奕。道琳詣王門告曰。臣少而學碁。頗入妙。願有聞於左右。王召入對碁。果國手也。遂尊之爲上客。甚親昵之。恨相見之晚。道琳一日侍坐。從容曰。臣異國人也。上不我踈外。恩私甚渥。而惟一技之是效。未嘗有分毫之益。今願獻一言。不知上意如何耳。王曰。第言之。若有利於國。此所望於師也。道琳曰。大王之國四方皆山丘河海。是天設之險。非人爲之形也。是以四鄰之國。莫敢有覦心。但願奉事之不暇。則王當以崇高之勢。富有之業。竦人之視聽。而城郭不葺。宮室不修。先王之骸骨權攢於露地。百姓之屋廬屢壞於河流。臣竊爲大王不取也。王曰諾。吾將爲之。於是盡發國人。烝土築城。卽於其內作宮室樓閣臺榭。無不壯麗。又取大石於郁里河。作槨以葬父骨。緣河樹堰。自蛇城之東。至崇山之北。是以倉庾虛竭。人民窮困。邦之陧杌甚於累卵。於是道琳逃還以告之。長壽王喜將伐之。乃授兵於帥臣。近蓋婁聞之。謂子文周曰。予愚而不明。信用姦人之言。以至於此。民殘而兵弱。雖有危事。誰肯爲我力戰。吾當死於社稷。汝在此俱死無益也。盍避難以續國系焉。文周乃與木劦滿致、祖彌桀取（木劦、祖彌皆複姓。隋書以木劦爲二姓。未知孰是。）南行焉。至是高句麗對盧齊于、再曾桀婁、古尒萬年（再曾、古尒皆複姓）等帥兵來攻北城。七日而拔之。移攻南城。城中危恐。王出逃。麗將桀婁等見王下馬拜。已向王面三唾之。乃數其罪。縛送於阿且城下。戕之。桀婁、萬年本國人也。獲罪逃竄高句麗。

論曰。楚明王之亡也。鄖公辛之弟懷將弑王。曰。平王殺吾父。我殺其子。不亦可乎。辛曰。君討臣。誰敢讎之。君命天也。若死天命。將誰讎。桀婁等自以罪不見容於國。而導敵兵。縛前君而害之。其不義也甚矣。曰。然則伍子胥之入郢鞭尸何也。曰。楊子法言評此。以爲不由德。所謂德者仁與義而已矣。則子胥之狠。不如郿公之仁。以此論之。桀婁等之爲不義也明矣。

三國史記卷第二十五

三國史記卷第二十六

輸忠定難靖國贊化同德功臣開府儀同三司檢校太師守太保門下侍中判尚書吏禮部事集賢殿大學士監修國史上柱國致仕臣金富軾奉

宣撰

百濟本紀第四

文周王　三斤王　東城王

武寧王　聖王

文周王。或作汶洲蓋鹵王之子也。初毗有王薨。蓋鹵嗣位。文周輔之。位至上佐平。蓋鹵在位二十一年。高句麗來侵。圍漢城。蓋鹵嬰城自固。使文周求救於新羅。得兵一萬廻。麗兵雖退。城破王死。遂卽位。性柔不斷。而亦愛民。百姓愛之。冬十月。移都於熊津。

二年春二月。修葺大豆山城。移漢北民戶。三月。遣使朝宋。高句麗塞路。不達而還。夏四月。耽羅國獻方物。王喜。拜使者爲恩率。秋八月。拜解仇爲兵官佐平。

三年春二月。重修宮室。夏四月。拜王弟昆支爲內臣佐平。封長子三斤爲太子。五月。黑龍見熊津。秋七月。內臣佐平昆支卒。

四年秋八月。兵官佐平解仇擅權亂法。有無君之心。王不能制。九月。王出獵宿於外。解仇使盜害之。遂薨。

三斤王。或云壬乞。文周王之長子。王薨。繼位。年十三歲。軍國政事一切委於佐平解仇。

二年春。佐平解仇與恩率燕信聚衆據大豆城叛。王命佐平眞男。以兵二千討之。不克。更命德率眞老。帥精兵五百。擊殺解仇。燕信奔高句麗。收其妻子。斬於熊津市。

論曰。春秋之法。君弑而賊不討。則深責之。以爲無臣子也。解仇賊害文周。其子三斤繼立。非徒不能誅之。又委之以國政。至於據一城以叛。然後再興大兵以克之。所謂履霜不戒。馴致堅冰。熒熒不滅。至于炎炎。其所由來漸矣。唐憲宗之弑。三世而後僅能殺其賊。況海隅之荒僻。三斤之童蒙。又烏足道哉。

三月己酉朔。日有食之。

三年。春夏。大旱。秋九月。移大豆城於斗谷。冬十一月。王薨。

東城王。諱牟大。或作摩牟。文周王弟昆支之子。膽力過人。善射。百發百中。三斤王薨。即位。

四年春正月。拜眞老爲兵官佐平兼知內外兵馬事。秋九月。靺鞨襲破漢山城。虜三百餘戶以歸。冬十月。大雪丈餘。

五年春。王以獵出至漢山城。撫問軍民。浹旬乃還。夏四月。獵於熊津北獲神鹿。

六年春二月。王聞南齊祖道成冊高句麗巨璉爲驃騎大將軍。遣使上表請內屬。許之。秋七月。遣內法佐平沙若思如南齊朝貢。若思至西海中。遇高句麗兵。不進。

七年夏五月。遣使聘新羅。

八年春二月。拜苩加爲衛士佐平。三月。遣使南齊朝貢。秋七月。重修宮室。築牛頭城。冬十月。大閱於宮南。
十年。魏遣兵來伐。爲我所敗。
十一年秋。大有年。國南海村人獻合穎禾。冬十月。王設壇祭天地。十一月。宴羣臣於南堂。
十二年秋七月。徵北部人年十五歲已上。築沙峴、耳山二城。九月。王田於國西泗沘原。拜燕突爲達率。冬十一月。無氷。
十三年夏六月。熊川水漲。漂沒王都二百餘家。秋七月。民饑。亡入新羅者六百餘家。
十四年春三月。雪。夏四月。大風拔木。冬十月。王獵牛鳴谷、親射鹿。
十五年春三月。王遣使新羅請婚。羅王以伊飡比智女歸之。
十六年秋七月。高句麗與新羅戰薩水之原。新羅不克。退保犬牙城。高句麗圍之。王遣兵三千救。解圍。
十七年夏五月甲戌朔。日有食之。秋八月。高句麗來圍雉壤城。王遣使新羅請救。羅王命將軍德智帥兵救之。麗兵退歸。
十九年夏五月。兵官佐平眞老卒。拜達率燕突爲兵官佐平。夏六月。大雨。漂毁民屋。
二十年。設熊津橋。秋七月。築沙井城。以扞率毗陁鎭之。八月。王以耽羅不修貢賦。親征至武珍州。耽羅聞之。遣使乞罪。乃止。耽羅即耽牟羅。
二十一年夏。大旱。民饑相食。盜賊多起。臣寮請發倉賑救。王不聽。漢山人亡入高句麗者二千。冬十月。大疫。

二十二年春。起臨流閣於宮東。高五丈。又穿池養奇禽。諫臣抗疏。不報。恐有復諫者。閉宮門。

論曰。良藥苦口。利於病。忠言逆耳。利於行。是以古之明君。虛己問政。和顏受諫。猶恐人之不言。懸敢諫之鼓。立誹謗之木而不已。今牟大王諫書上而不省。復閉門以拒之。莊子曰。見過不更。聞諫愈甚。謂之狠。其牟大王之謂乎。

夏四月。田於牛頭城。遇雨雹乃止。五月。旱。王與左右宴臨流閣。終夜極歡。

二十三年春正月。王都老嫗化狐而去。二虎鬪於南山。捕之不得。三月。降霜害麥。夏五月。不雨至秋。七月。設柵於炭峴。以備新羅。八月。築加林城。以衛士佐平苩加鎭之。冬十月。王獵於泗沘東原。十一月。獵於熊川北原。又田於泗沘西原。阻大雪。宿於馬浦村。初王以苩加鎭加林城。加不欲往。辭以疾。王不許。是以怨王。至是使人刺王。至十二月乃薨。謚曰東城王。（冊府元龜云。南齊建元二年。百濟王牟都遣使貢獻。詔曰。寶命惟新。澤被絕域。牟都世襲東表。守職遐外。可即授使持節都督百濟諸軍事鎭東大將軍。又永明八年。百濟王牟大遣使上表。遣謁者僕射孫副。策命大。襲亡祖父牟都爲百濟王。曰。於戲惟爾世襲忠勤。誠著遐表。海路肅澄。要貢無替。式循彝典。用纂顯命。往欽哉。其敬膺休業。可不愼歟。行都督百濟諸軍事鎭東大將軍百濟王。而三韓古記無牟都爲王之事。又按牟大蓋鹵王之孫。蓋鹵第二子昆支之子。不言其祖牟都。則齊書所載不可不疑。）

武寧王。諱斯摩。（或云隆。）牟大王之第二子也。身長八尺。眉目如畫。仁慈寬厚。民心歸附。牟大在位二十三年薨。卽位。春正月。佐平苩加據加林城叛。王帥兵馬至牛頭城。命扞率解明討之。苩加出降。王斬之。投於白江。

論曰。春秋曰。人臣無將。將而必誅。若苩加之元惡大憝。則天地所不容。不卽罪之。至是自知難免謀叛。而後誅之。晚也。

冬十一月。遣達率優永。帥兵五千。襲高句麗水谷城。

二年春。民饑且疫。冬十一月。遣兵侵高句麗邊境。

三年秋九月。靺鞨燒馬首柵。進攻高木城。王遣兵五千擊退之。冬。無冰。

六年春。大疫。三月至五月。不雨、川澤竭。民饑。發倉賑救。秋七月。靺鞨來侵破高木城。殺虜六百餘人。

七年夏五月。立二柵於高木城南。又築長嶺城。以備靺鞨。冬十月。高句麗將高老與靺鞨謀。欲攻漢城。進屯於橫岳下。王出師戰退之。

十年春正月。下令完固隄防。驅內外游食者歸農。

十二年夏四月。遣使入梁朝貢。秋九月。高句麗襲取加弗城。移兵破圓山城。殺掠甚衆。王帥勇騎三千。戰於葦川之北。麗人見王軍小。易之、不設陣。王出奇急擊大破之。

十六年春三月戊辰朔。日有食之。

二十一年夏五月。大水。秋八月。蝗害穀。民饑。亡入新羅者九百戶。冬十一月。遣使入梁朝貢。先是爲高句麗所破。衰弱累年。至是上表、稱累破高句麗。始與通好。而更爲强國。十二月。高祖詔冊王曰。行都督百濟諸軍事鎭東大將軍百濟王餘隆。守藩海外。遠修貢職。迺誠款到。朕有嘉焉。宜率舊章。授玆榮命。可使持節都督百濟諸軍事寧東大將軍。

二十二年秋九月。王獵于狐山之原。冬十月。地震。

二十三年春二月。王幸漢城。命佐平因友、達率沙烏等。徵漢北州郡民年十五歲已上。築雙峴城。三月。至自漢城。夏五月。王薨。諡曰武寧。

聖王。諱明穠。武寧王之子也。智識英邁。能斷事。武寧薨。繼位。國人稱爲聖王。秋八月。高句麗兵至浿水。王命左將志忠。帥步騎一萬。出戰退之。

二年。梁高祖詔。冊王爲持節都督百濟諸軍事綏東將軍百濟王。

三年春二月。與新羅交聘。

四年冬十月。修葺熊津城。立沙井柵。

七年冬十月。高句麗王興安躬帥兵馬來侵。拔北鄙穴城。命佐平燕謨。領步騎三萬。拒戰於五谷之原。不克。死者二千餘人。

十年秋七月甲辰。星隕如雨。

十二年春三月。遣使入梁朝貢。夏四月丁卯。熒惑犯南斗。

十六年春。移都於泗沘。（一名所夫里）國號南扶餘。

十八年秋九月。王命將軍燕會、攻高句麗牛山城。不克。

十九年。王遣使入梁朝貢。兼表請毛詩博士、涅槃等經義、幷工匠、畫師等。從之。

二十五年春正月己亥朔。日有食之。

二十六年春正月。高句麗王平成與濊謀。攻漢北獨山城。王遣使請救於新羅。羅王命將軍朱珍領甲卒三千發之。朱珍日夜兼程。至獨山城下。與麗兵一戰。大破之。

二十七年春正月庚申。白虹貫日。冬十月。王不知梁京師有寇賊。遣使朝貢。使人旣至。見城闕荒毀。並號泣於端門外。行路見者莫不灑淚。侯景聞之大怒。執囚之。及景平。方得還國。

二十八年春正月。王遣將軍達巳。領兵一萬。攻取高句麗道薩城。三月。高句麗兵圍金峴城。

三十一年秋七月。新羅取東北鄙置新州。冬十月。王女歸于新羅。

三十二年秋七月。王欲襲新羅。親帥步騎五千。夜至狗川。新羅伏兵發與戰。爲亂兵所害薨。謚曰聖。

三國史記卷第二十六

三國史記卷第二十七

輸忠定難靖國贊化同德功臣開府儀同三司檢校太師守太保門下侍中判尚書吏禮部事集賢殿大學士監修國史上柱國致仕臣金富軾奉
宣撰

百濟本紀第五

威德王　惠王
法王　武王

威德王。諱昌。聖王之元子也。聖王在位三十二年薨。繼位。
元年冬十月。高句麗大舉兵來攻熊川城。敗衂而歸。
六年夏五月丙辰朔。日有食之。
八年秋七月。遣兵侵掠新羅邊境。羅兵出擊敗之。死者一千餘人。
十四年秋九月。遣使入陳朝貢。
十七年。高齊後主拜王爲使持節侍中車騎大將軍帶方郡公百濟王。
十八年。高齊後主又以王爲使持節都督東青州諸軍事東青州刺史。
十九年。遣使入齊朝貢。秋九月庚子朔。日有食之。
二十四年秋七月。遣使入陳朝貢。冬十月。侵新羅西邊州郡。新羅伊飡世宗帥兵擊破之。十一月。遣使入宇文周朝貢。

二十五年。遣使入宇文周朝貢。

二十六年冬十月。長星竟天。二十日而滅。地震。

二十八年。王遣使入隋朝貢。隋高祖詔拜王爲上開府儀同三司帶方郡公。

二十九年春正月。遣使入隋朝貢。

三十一年冬十一月。遣使入陳朝貢。

三十三年。遣使入陳朝貢。

三十六年。隋平陳。有一戰船漂至躭牟羅國。其船得還。經于國界。王資送之甚厚。幷遣使奉表賀平陳。高祖善之。下詔曰。百濟王既聞平陳。遠令奉表。往復至難。若逢風浪。便致傷損。百濟王心迹淳至。朕已委知。相去雖遠。事同言面。何必數遣使來相體悉。自今已後。不須年別入貢。朕亦不遣使往。王宜知之。

三十九年秋七月壬申晦。日有食之。

四十一年冬十一月癸未。星孛于角亢。

四十五年秋九月。王使長史王辯那入隋朝獻。王聞隋興遼東之役。遣使奉表請爲軍道。帝下詔曰。往歲高句麗不供職貢。無人臣禮。故命將討之。高元君臣恐懼畏服歸罪。朕已赦之。不可致伐。厚我使者而還之。高句麗頗知其事。以兵侵掠國境。冬十二月。王薨。羣臣議謚曰威德。

惠王。諱季。明王第二子。昌王薨。卽位。

二年。王薨。謚曰惠。

法王。諱宣。(或云孝順) 惠王之長子。惠王薨。子宣繼位。(隋書以宣爲昌王之子。) 冬十二月。下令禁殺生。收民家所養鷹鷂放之。漁獵之具焚之。

二年春正月。創王興寺。度僧三十人。大旱。王幸漆岳寺祈雨。夏五月薨。上謚曰法。

武王。諱璋。法王之子。風儀英偉。志氣豪傑。法王卽位。翌年薨。子嗣位。

三年秋八月。王出兵圍新羅阿莫山城。(一名母山城) 羅王眞平遣精騎數千拒戰之。我兵失利而還。新羅築小陁、畏石、泉山、甕岑四城。侵逼我疆境。王怒。令佐平解讎。帥步騎四萬。進攻其四城。新羅將軍乾品、武殷帥衆拒戰。解讎不利。引軍退於泉山西大澤中。伏兵以待之。武殷乘勝。領甲卒一千。追至大澤。伏兵發急擊之。武殷墜馬。士卒驚駭。不知所爲。武殷子貴山大言曰。吾嘗受教於師。曰、士當軍無退。豈敢奔退以墜師教乎。以馬授父。卽與小將箒項揮戈力鬪以死。餘兵見此益奮。我軍敗績。解讎僅免。單馬以歸。

六年春二月。築角山城。秋八月。新羅侵東鄙。

七年春三月。王都雨土。晝暗。夏四月。大旱。年饑。

八年春三月。遣扞率燕文進入隋朝貢。又遣佐平王孝隣入貢。兼請討高句麗。煬帝許之。令覘高句麗動靜。夏五月。高句麗來攻松山城。不下。移襲石頭城。虜男女三千而歸。

九年春三月。遣使入隋朝貢。隋文林郎裴清奉使倭國。經我國南路。

十二年春二月。遣使入隋朝貢。隋煬帝將征高句麗。王使國智牟入請軍期。帝悅。厚加賞錫。遣尚書起部郎席律來。與王相謀。秋八月。築赤嵓城。冬十月。圍新羅椵岑城。殺城主讚德。滅其城。

十三年。隋六軍度遼。王嚴兵於境。聲言助隋。實持兩端。夏四月。震宮南門。五月。大水漂沒人家。

十七年冬十月。命達率苩奇領兵八千。攻新羅母山城。十一月。王都地震。

十九年。新羅將軍邊品等來攻椵岑城復之。奚論戰死。

二十二年冬十月。遣使入唐獻果下馬。

二十四年秋。遣兵侵新羅勒弩縣。

二十五年春正月。遣大臣入唐朝貢。高祖嘉其誠欵。遣使就冊爲帶方郡王百濟王。秋七月。遣使入唐朝貢。冬十月。攻新羅速含、櫻岑、歧岑、烽岑、旗懸、冗柵等六城取之。

二十六年冬十一月。遣使入唐朝貢。

二十七年。遣使入唐獻明光鎧。因訟高句麗梗道路、不許來朝上國。高祖遣散騎常侍朱子奢來。詔諭我及高句麗平其怨。秋八月。遣兵攻新羅王在城。執城主東所殺之。冬十二月。遣使入唐朝貢。

二十八年秋七月。王命將軍沙乞拔新羅西鄙二城。虜男女三百餘口。王欲復新羅侵奪地分。大擧兵。出屯於熊津。羅王眞平聞之。遣使告急於唐。王聞之乃止。秋八月。遣王姪福信入唐朝貢。太宗謂與新羅世讎。數相侵伐。賜王璽書曰。王世爲君長。撫有東蕃海隅遐曠。風濤難阻。忠欵之至。職貢相尋。尙想嘉猷。甚以欣慰。朕祗承寵命。君臨區宇。思弘正道。愛育黎元。舟車所通。風雨所及。期之遂性。咸使乂安。新羅王金眞平。朕之蕃臣。王之鄰國。每聞遣師征討不息。阻兵安忍。殊乖所望。朕已對王姪福信及高句麗新羅使人。具勑通和。咸許輯睦。王必須忘彼前怨。識朕本懷。共篤鄰情。卽停兵革。王因遣使奉表陳謝。雖外稱順命。內實相仇如故。

二十九年春二月。遣兵攻新羅椵岑城。不克而還。

三十年秋九月。遣使入唐朝貢。

三十一年春二月。重修泗沘之宮。王幸熊津城。夏。旱。停泗沘之役。秋七月。王至自熊津。

三十二年秋九月。遣使入唐朝貢。

三十三年春正月。封元子義慈爲太子。二月。改築馬川城。秋七月。發兵伐新羅。不利。王田于生草之原。冬十二月。遣使入唐朝貢。

三十四年秋八月。遣將攻新羅西谷城。十三日拔之。

三十五年春二月。王興寺成。其寺臨水。彩飾壯麗。王每乘舟入寺行香。三月。穿池於宮南。引水二十餘里。四岸植以楊柳。水中築島嶼。擬方丈仙山。

三十七年春二月。遣使入唐朝貢。三月。王率左右臣寮。遊燕於泗沘河北浦。兩岸奇巖怪石錯立。間以奇花異草。如畫圖。王飲酒極歡。鼓琴自歌。從者屢舞。時人謂其地爲大王浦。夏五月。王命將軍于召。帥甲士五百。往襲新羅獨山城。于召至玉門谷。日暮解鞍休士。新羅將軍閼川將兵掩至鏖擊之。于召登大石上。彎弓拒戰。矢盡爲所擒。六月。旱。秋八月。燕羣臣於望海樓。

三十八年春二月。王都地震。三月。又震。冬十二月。遣使入唐。獻鐵甲雕斧。太宗優勞之。賜錦袍幷彩帛三千段。

三十九年春三月。王與嬪御泛舟大池。

四十年冬十月。又遣使於唐。獻金甲雕斧。

四十一年春正月。星孛于西北。二月。遣子弟於唐。請入國學。

四十二年春三月。王薨。諡曰武。使者入唐。素服奉表曰。君外臣扶餘璋卒。帝擧哀玄武門。詔曰。懷遠之道。莫先於寵命。飾終之義。無隔於遐方。故柱國帶方郡王百濟王扶餘璋。棧山航海。遠稟正朔。獻琛奉牘。克固始終。奄致薨殞。追深愍悼。宜加常數。式表哀榮。贈光祿大夫。賻賜甚厚。

三國史記卷第二十七

三國史記卷第二十八

輸忠定難靖國贊化同德功臣開府儀同三司檢校太師守太保門下侍中判尚書吏禮部事集賢殿太學士監修國史上柱國致仕臣金富軾奉
宣撰

百濟本紀第六 義慈王

義慈王。武王之元子。雄勇有膽決。武王在位三十三年。立爲太子。事親以孝。與兄弟以友。時號海東曾子。武王薨。太子嗣位。太宗遣祠部郎中鄭文表。冊命爲柱國帶方郡王百濟王。秋八月。遣使入唐表謝。兼獻方物。

二年春正月。遣使入唐朝貢。二月。王巡撫州郡。慮囚。除死罪皆原之。秋七月。王親帥兵侵新羅。下獼猴等四十餘城。八月。遣將軍允忠領兵一萬。攻新羅大耶城。城主品釋與妻子出降。允忠盡殺之。斬其首。傳之王都。生獲男女一千餘人。分居國西州縣。留兵守其城。王賞允忠功。馬二十匹、穀一千石。

三年春正月。遣使入唐朝貢。冬十一月。王與高句麗和親。謀欲取新羅党項城。以塞入朝之路。遂發兵攻之。羅王德曼遣使請救於唐。王聞之罷兵。

四年春正月。遣使入唐朝貢。太宗遣司農丞相里玄奬告諭兩國。王奉表陳謝。立王子隆爲太子。大赦。秋九月。新羅將軍庾信領兵來侵取七城。

五年夏五月。王聞太宗親征高句麗。徵兵新羅。乘其間襲取新羅七城。新羅遣將軍庾信來侵。

七年冬十月。將軍義直帥步騎三千。進屯新羅茂山城下。分兵攻甘勿、桐岑二城。新羅將軍庾信親勵士卒。決死而戰。大破之。義直匹馬而還。

八年春三月。義直襲取新羅西鄙腰車等一十餘城。夏四月。進軍於玉門谷。新羅將軍庾信逆之再戰。大敗之。

九年秋八月。王遣左將殷相帥精兵七千。攻取新羅石吐等七城。新羅將庾信、陳春、天存、竹旨等逆擊之。不利。收散卒屯於道薩城下再戰。我軍敗北。冬十一月。雷。無氷。

十一年。遣使入唐朝貢。使還。高宗降璽書諭王曰。海東三國。開基日久。並列疆界。地實犬牙。近代已來。遂構嫌隙。戰爭交起。略無寧歲。遂令三韓之氓。命懸刀俎。尋戈肆憤。朝夕相仍。朕代天理物。載深矜憫。去歲高句麗新羅等使並來入朝。朕命釋玆讎怨。更敦款睦。新羅使金法敏奏言。高句麗百濟脣齒相依。竟擧干戈。侵逼交至。大城重鎭。並爲百濟所併。疆宇日蹙。威力並謝。乞詔百濟。令歸所侵之城。若不奉詔。卽自興兵打取。但得古地。卽請交和。朕以其言旣順。不可不許。昔齊桓列土諸侯。尙存亡國。况朕萬國之主。豈可不恤危藩。王所兼新羅之城。並宜還其本國。新羅所獲百濟俘虜亦遣還王。然後解患釋紛。韜戈偃革。百姓獲息肩之願。三蕃無戰爭之勞。比夫流血邊亭。積屍疆場。耕織並廢。士女無聊。豈可同年而語哉。王若不從進止。朕已依法敏所請。任其與正決戰。亦令約束高句麗。不許遠相救恤。高句麗若不承命。卽令契丹諸蕃。度遼深入抄掠。王可深思朕言。自求多福。審圖良策。無貽後悔。

十二年春正月。遣使入唐朝貢。

十三年春。大旱、民饑。秋八月。王與倭國通好。

十五年春二月。修太子宮極侈麗。立望海亭於王宮南。夏五月。騂馬入北岳烏含寺。鳴匝佛宇。數日死。秋七月。重修馬川城。八月。王與高句麗靺鞨攻破新羅三十餘城。新羅王金春秋遣使朝唐。表稱百濟與高句麗靺鞨侵我北界、沒三十餘城。

十六年春三月。王與宮人淫荒耽樂。飮酒不止。佐平成忠(或云淨忠)極諫。王怒囚之獄中。由是無敢言者。成忠瘦死。臨終上書曰。忠臣死不忘君。願一言而死。臣常觀時察變。必有兵革之事。凡用兵必審擇其地。處上流以延敵。然後可以保全。若異國兵來。陸路不使過沉峴。水軍不使入伎伐浦之岸。據其險隘以禦之。然後可也。王不省焉。

十七年春正月。拜王庶子四十一人爲佐平。各賜食邑。夏四月。大旱、赤地。

十九年春二月。衆狐入宮中。一白狐坐上佐平書案。夏四月。太子宮雌雞與小雀交。遣將侵攻新羅獨山、桐岑二城。五月。王都西南泗沘河大魚出死。長三丈。秋八月。有女屍浮生草津。長十八尺。九月。宮中槐樹鳴。如人哭聲。夜鬼哭於宮南路。

二十年春二月。王都井水血色。西海濱小魚出死。百姓食之不能盡。泗沘河水赤如血色。夏四月。蝦蟇數萬集於樹上。王都市人無故驚走。如有捕捉者。僵仆而死百餘人。亡失財物不可數。五月。風雨暴至。震天王、道讓二寺塔。又震白石寺講堂。玄雲如龍。東西相鬪於空中。六月。王興寺衆僧皆見若有船楫隨大水入寺門。有一犬狀如野鹿。自西至泗沘河岸。向王宮吠之。俄而不知所去。王都羣犬集於路上。或吠或哭。移時卽散。有一鬼入宮中。大呼百濟亡、百濟亡。卽入地。王怪之。使人掘地。深三尺許。有一龜。其背有文。曰。百濟同月輪。新羅如月新。王問之巫者。曰。同月輪者滿也。滿則虧。如月新者未滿也。未滿則漸盈。王怒殺之。或曰。同月輪者盛也。如月新者微也。意者國家盛而新羅寖微者乎。王喜。高宗詔左衛大將軍蘇定方爲神丘道行軍大摠管。率左衛將軍劉伯英、右武衛將軍馮士貴、左驍衛將軍龐孝公。統兵十三萬。以來征。兼以新羅王金春秋爲嵎夷道行軍摠管。將其國兵與之合勢。蘇定方引軍自城山濟海。至國西德物島。新羅王遣將軍金庾信。領精兵五萬以赴之。王聞之。會羣臣。問戰守之宜。佐平義直進曰。唐兵遠涉溟海。不習水者在船必困。當其初下陸。士氣未平。急擊之。可以得志。羅人恃大國之援。故有輕我之心。若見唐人失利。則必疑懼而不敢銳進。故知先與唐人決戰可也。達率常永等曰。不然。唐兵遠來。意欲速戰。其鋒不可當也。羅人前屢見敗於我軍。今望我兵勢。不得不恐。今日之計。宜塞唐人之路。以待其師老。先使偏師擊羅軍。折其銳氣。然後伺其便而合戰。則可得以全軍而保國矣。王猶豫不知所從。時佐平興首得罪流竄古馬彌知之縣。遣人問之曰。事急矣。如之何而可乎。興首曰。唐兵既衆。師律嚴明。況與新羅共謀掎角。若對陣於平原廣野。勝敗未可知也。白江（或云伎伐浦）炭峴（或云沈峴）我國之要路也。一夫單槍。萬人莫當。宜簡勇士往守之。使唐兵不得入白江。羅人未得過炭峴。大王重閉固守。待其資粮盡、士卒疲。然後奮擊之。破之必矣。於時大臣等不信曰。興首久在縲紲之中。怨君、而不愛國。其言不可用也。莫若使唐兵入白江。沿流而不得方舟。羅軍升炭峴。由徑而不得並馬。當此之時。縱兵擊之。譬如殺在籠之雞、離網之魚也。王然之。又聞唐羅兵已過白江、炭峴。遣將軍堦伯帥死士五千出黃山。與羅兵戰。四合皆勝之。兵寡力屈。竟敗。堦伯死之。於是合兵禦熊津口。瀕江屯兵。定方出左涯。乘山而陣。與之戰。我軍大敗。王師乘潮。舳艫銜尾進。鼓而譟。定方將步騎直趨眞都城。一舍止。我軍悉衆拒之。又敗。死者萬餘人。唐兵乘勝薄城。王知不免。嘆曰。悔不用成忠之言、以至於此。遂與太子孝走北鄙。定方圍其城。王次子泰自立爲王。率衆固守。太子子文思謂王子隆曰。王與太子出而叔擅爲王。若唐兵解去。我等安得全。遂率左右縋而出。民皆從之。泰不能止。定方令士超堞立唐旗幟。泰窘迫開門請命。於是王及太子孝與諸城皆降。定方以王及太子孝、王子泰、隆、演及大臣將士八十八人、百姓一萬二千八百七人送京師。國本有五部、三十七郡、二百城、七十六萬戶。至是析置熊津、馬韓、東明、金漣、德安五都督府。各統州縣。擢渠長爲都督、刺史、縣令。以理之。命郞將劉仁願守都城。又以左衛郞將王文度爲熊津都督。撫其餘衆。定方以所俘見上。責而宥之。王病死。贈金紫光祿大夫衛尉卿。許舊臣赴臨。詔葬孫皓、陳叔寶墓側。并爲竪碑。授隆司稼卿。文度濟海卒。以劉仁軌代之。武王從子福信嘗將兵。乃與浮屠道琛據周留城叛。迎古王子扶餘豐嘗質於倭國者。立之爲王。西北部皆應。引兵圍仁願於都城。詔起劉仁軌檢校帶方州刺史。將王文度之衆。便道發新羅兵。以救仁願。仁軌喜曰。天將富貴此翁矣請唐曆及廟諱而行。曰。吾欲掃平東夷。頒大唐正朔於海表。仁軌御軍嚴整。轉鬪而前福信等立兩柵於熊津江口以拒之。仁軌與新羅兵合擊之。我軍退走。入柵阻水。橋狹墮溺及戰死者萬餘人。福信等乃釋都城之圍。退保任存城。新羅人以粮盡引還。時龍朔元年三月也。於是道琛自稱領軍將軍。福信自稱霜岑將軍。招集徒衆。其勢益張。使告仁軌曰。聞大唐與新羅約誓。百濟無問老少一切殺之。然後以國付新羅。與其受死、豈若戰亡。所以聚結自固守耳。仁軌作書具陳禍福。遣使諭之。道琛等恃衆驕倨。置仁軌之使於外館。嫚報曰。使人官小。我是一國大將。不合參。不荅書。徒遣之。仁軌以衆小。與仁願合軍。休息士卒。上表請合新羅圖之。羅王春秋奉詔。遣其將金欽將兵救仁軌等。至古泗。福信邀擊敗之。欽自葛嶺道遁還。新羅不敢復出。尋而福信殺道琛、并其衆。豐不能制。但主祭而已。福信等以仁願等孤城無援。遣使慰之曰。大使等何時西還。當遣相送。二年七月。仁願、仁軌等大破福信餘衆於熊津之東。拔支羅城及尹城、大山、沙井等柵。殺獲甚衆。乃令分兵以鎭守之。福信等以眞峴城臨江高嶮當衝要。加兵守之。仁軌夜督新羅兵。薄城板堞。比明而入城。斬殺八百人。遂通新羅饟道。仁願奏請益兵。

詔發淄、靑、萊海之兵七千人。遣左威衛將軍孫仁師。統衆浮海。以益仁願之衆。時福信旣專權。與扶餘豐寖相猜忌。福信稱疾臥於窟室。欲俟豐問疾。執殺之。豐知之。帥親信掩殺福信。遣使高句麗倭國乞師。以拒唐兵。孫仁師中路迎擊破之。遂與仁願之衆相合。士氣大振。於是諸將議所向。或曰。加林城水陸之衝。合先擊之。仁軌曰。兵法避實擊虛。加林嶮而固。攻則傷士。守則曠日。周留城百濟巢穴。羣聚焉。若克之。諸城自下。於是仁師、仁願及羅王金法敏帥陸軍進。劉仁軌及別帥杜爽、扶餘隆帥水軍及粮船。自熊津江往白江。以會陸軍。同趨周留城。遇倭人白江口。四戰皆克。焚其舟四百艘。煙炎灼天。海水爲丹。王扶餘豐脫身而走。不知所在。或云奔高句麗。獲其寶劒。王子扶餘忠勝、忠志等帥其衆。與倭人並降。獨遲受信據任存城未下。初黑齒常之嘯聚亡散。旬日間歸附者三萬餘人。定方遣兵攻之。常之拒戰敗之。復取二百餘城。定方不能克。常之與別部將沙吒相如據嶮。以應福信。至是皆降。仁軌以赤心示之。俾取任存自效。卽給鎧仗粮糒。仁師曰。野心難信。若受甲濟粟。資寇便也。仁軌曰。吾觀相如、常之忠而謀。因機立功。尙何疑。二人訖取其城。遲受信委妻子奔高句麗。餘黨悉平。仁師等振旅還。詔留仁軌統兵鎭守。兵火之餘。比屋凋殘。殭屍如莽。仁軌始命瘞骸骨。籍戶口。理村聚。署官長。通道塗。立橋梁。補堤堰。復坡塘。課農桑。賑貧乏。養孤老。立唐社稷。頒正朔及廟諱。民皆悅。各安其所。帝以扶餘隆爲熊津都督。俾歸國平新羅古憾。招還遺人。麟德二年。與新羅王會熊津城。刑白馬以盟。仁軌爲盟辭。乃作金書鐵契。藏新羅廟中。盟辭見新羅紀中。仁願等還。隆畏衆攜散。亦歸京師。儀鳳中以隆爲熊津都督帶方郡王。遣歸國安輯餘衆。仍移安東都護府於新城。以統之。時新羅强。隆不敢入舊國。寄理高句麗死。武后又以其孫敬襲王。而其地已爲新羅渤海靺鞨所分。國系遂絶。

論曰。新羅古事云。天降金樻。故姓金氏。其言可怪而不可信。臣修史。以其傳之舊。不得刪落其辭。然而又聞。新羅人自以小昊金天氏之後。故姓金氏。見新羅國子博士薛因宣撰金庾信碑。及朴居勿撰、姚克一書、三郎寺碑文。高句麗亦以高辛氏後姓高氏。見晉書載記。古史曰。百濟與高句麗同出扶餘。又云。秦漢亂離之時。中國人多竄海東。則三國祖先豈其古聖人之苗裔耶。何其享國之長也。至於百濟之季。所行多非道。又世仇新羅與高句麗連和以侵軼之。因利乘便。割取新羅重城巨鎭不已。非所謂親仁善鄰國之寶也。於是唐天子再下詔平其怨。陽從而陰違之。以獲罪於大國。其亡也亦宜矣。

三國史記卷第二十八